建设美丽中国书系
building a beautiful China

公平视角下农牧民增收问题研究

以青海省为例

崔冀娜◎著

中国经济出版社
CHINA ECONOMIC PUBLISHING HOUSE
北京

图书在版编目（CIP）数据

公平视角下农牧民增收问题研究：以青海省为例 / 崔冀娜著．--北京：中国经济出版社，2024.3
ISBN 978-7-5136-7680-9

Ⅰ．①公… Ⅱ．①崔… Ⅲ．①农民收入-收入增长-研究-青海 ②牧民-收入增长-研究-青海 Ⅳ．①F327.44

中国国家版本馆 CIP 数据核字（2024）第 046352 号

组稿编辑 葛 晶
责任编辑 冀 意
责任印制 马小宾
封面设计 久品轩

出版发行 中国经济出版社
印 刷 者 北京鑫益晖印刷有限公司
经 销 者 各地新华书店
开　　本 710mm×1000mm 1/16
印　　张 13.25
字　　数 189 千字
版　　次 2024 年 3 月第 1 版
印　　次 2024 年 3 月第 1 次
定　　价 88.00 元
广告经营许可证 京西工商广字第 8179 号

中国经济出版社 **网址** www.economyph.com **社址** 北京市东城区安定门外大街 58 号 **邮编** 100011
本版图书如存在印装质量问题，请与本社销售中心联系调换（联系电话：010-57512564）

目 录
CONTENTS

第1章

绪　论

1.1 研究背景

随着国家惠农项目的增多，农牧地区经济发展力度的加大，农牧民的居住条件及生活环境质量得到明显改善。然而，由于历史因素与自然条件等原因，农牧业的基础比较落后，具有特色的农畜产品基本只在本区域销售，因交通不便能流入国内市场的少之又少，因此，农牧地区形成了基础条件较差、贫困人口比例较高的现实问题。位于青藏高原腹地、青海省南部的青海农牧地区是少数民族聚居区，该地区是重要的生态功能区及生态敏感脆弱区（陈阿江 等，2019；王彦星 等，2014），因此，青海农牧地区生态环境的变化直接关系到国家生态安全（李何春 等，2020；阎建忠 等，2009）。但是，受全球气候变化的客观因素与人类污染环境的主观因素影响，在近几十年，青海农牧地区所在区域的生态环境系统出现了愈加恶化的趋势（李彩瑛 等，2018），严重威胁到了长江、黄河流域的生态安全，同时也制约了当地经济的发展。例如，1983 年的青海省玛多县是全国的首富县，牧民人均收入在全国名列第一，但是随着生态环境恶化，2012 年的玛多县已经变成了贫困县[①]。为缓解农牧民贫困问题、保护青海农牧地区生态环境，我国政府陆续投资近亿元推行各类脱贫减贫项目。可见，为实现脱贫攻坚与小康社会目标，青海农牧地区的经济发展与农牧民收入增加面临着前所未有的机遇。

随着农牧业各类政策的全面落实，农牧民的收入问题逐渐成为各级政

---

① 玛多县：从全国首富到“国家级贫困县”的生态落差［EB/OL］.（2012-06-29）. http：//www. qh. xinhuanet. com/2012-06/29/content_ 25446716. htm.

府与学术界（李聪 等，2019；付少平 等，2015；马小林 等，2021；罗绒战堆 等，2020）关注的核心问题，党的十九大报告指出，“三农”问题是关系国计民生的根本性问题，必须始终把解决好“三农”问题作为全党工作的重中之重，实施乡村振兴战略①。2018 年 1 月 2 日，中央一号文件《中共中央　国务院关于实施乡村振兴战略的意见》② 公布。党的十九届五中全会审议通过的《中共中央关于制定国民经济和社会发展第十四个五年规划和二〇三五年远景目标的建议》，对新发展阶段优先发展农业农村、全面推进乡村振兴做出总体部署，为做好当前和今后一个时期“三农”工作指明了方向。2021 年 2 月 21 日，《中共中央　国务院关于全面推进乡村振兴加快农业农村现代化的意见》③ 即中央一号文件发布，这是 21 世纪以来第 18 个指导“三农”工作的中央一号文件④。青海省政府《关于进一步促进青海涉藏地区易地搬迁群众可持续发展的意见》提出，在 2015—2020 年，妥善安置青海农牧地区易地搬迁群众的后续生活，进而巩固青海农牧地区生态保护和建设成果。因此，青海农牧民增收成为社会各界关注的焦点。

同时，公平问题历来为我国政府所重视，在效率与公平的关系研究中，党的十七大报告将十六大报告“初次分配重效率，再次分配重公平”的提法修订为“初次分配和再分配都要处理好效率和公平的关系，再分配更加注重公平”，由此，把公平问题上升为一个战略高度。2021 年，中共中央办公厅、国务院办公厅印发的《关于加强社会主义法治文化建设的意见》中指出，坚持以人民为中心，不断满足人民日益增长的对民主、法

① 习近平强调，贯彻新发展理念，建设现代化经济体系［EB/OL］.（2017-10-18）. http：//www. xinhuanet. com//politics/19cpcnc/2017-10/18/c_ 1121820551. htm.

② 中共中央　国务院关于实施乡村振兴战略的意见［EB/OL］.（2018-02-05）. http：//district. ce. cn/newarea/roll/201802/05/t20180205_ 28052212_ 3. shtml.

③ 中共中央　国务院关于全面推进乡村振兴加快农业农村现代化的意见［EB/OL］.（2021-02-21）. http：//www. gov. cn/zhengce/2021-02/21/content_ 5588098. htm.

④ 2021 年中央一号文件发布［EB/OL］.（2021-02-22）. http：//www. xinhuanet. com/video/2021-02/22/c_ 1211035299. htm.

治、公平、正义的需要①。个体的公平问题是任何国家都会面临的，早在19世纪90年代，以美国社会学家Park为代表的芝加哥学派，就开始针对在美国生活的跨国农牧民社会问题进行研究。近年来，不同于以往传统单一从事农牧业，现在的农牧民由以往的游牧生产生活方式到现代城镇生活，生存环境、生产方式、生活方式、价值观念与组织形式等方面都发生了巨大变化，而传统思想和观念制约了农牧民群众参与后续产业的积极性与主动性，公平问题影响了农牧民参与后续产业发展的积极性。

基于以上背景，本书拟从公平视角，从惠农惠牧政策、农牧地区产业融合、农牧民生计等不同层面进行研究，由宏观至微观逐步深入探索，重点回答以下问题：青海农牧民公平感知有哪些维度及测量指标，农牧民公平感知有何差异性；公平视角下惠农惠牧政策对农牧民增收的影响效应，公平视角下农牧地区产业融合对农牧民增收的影响效应，公平视角下农牧民生计对其增收的影响效应；公平感知对农牧民增收效果的评价。

1.2 研究目的与意义

1.2.1 研究目的

在国内外现有研究基础上，针对农牧地区农牧民进行的深度访谈、预调研、问卷调查几个阶段的调查，运用定性和定量相结合的研究方法，从理论和实证两个方面深入探究公平视角下青海农牧民的增收问题，以期进一步完善农牧民公平感研究的理论体系，通过促进农牧民在生活中的内在公平感，调动其生计的积极性，以此发展后续产业、缓解农牧民贫困，最终为实现农牧民生活稳定与社会稳定提供科学的政策建议。具体任务如下。

① 关于加强社会主义法治文化建设的意见［EB/OL］.（2021-04-05）. http：//www.gov.cn/zhengce/2021-04/05/content_ 5597861.htm.

第一，阐释农牧民公平感知的含义，设计能反映公平感知各维度的不同层次指标（或指标组），描述不同维度农牧民公平感知的表现与特征。

第二，从惠农惠牧政策、农牧地区产业融合、农牧民生计三个层次，由宏观至微观逐层深入探究农牧民公平感知对其增收的影响效应，考察公平感知对农牧民增收的影响机制和作用效果。

1.2.2 研究意义

1.2.2.1 现实意义

通过界定青海农牧地区农牧民公平感知的内涵与外延，测度农牧民公平感知程度，甄别农牧民公平感知的特征和差异性，梳理出在农牧民公平感知过程中存在的问题，有助于政府清晰把握农牧民的公平感知现实状况。

1.2.2.2 理论意义

第一，本书基于公平视角梳理了国内外关于公平的相关理论，寻找到表征公平视角的变量，并界定青海农牧地区农牧民公平感知内涵与特征，构建农牧民公平感知度量指标，可丰富和完善公平理论，为农牧民公平感知在经济学中的应用做出补充，从而为农牧民项目提供相关参考依据，为青海农牧民增收相关政策的制定与实施提供研究基础。

第二，以外力与内力交互作用的思路，通过寻觅青海农牧民增收不同层面的影响因素，深入探究农牧民增收的实质，科学界定农牧民增收的研究范围。通过构建惠农惠牧政策、农牧地区产业融合、农牧民生计三个因素，明晰公平视角下青海农牧民增收影响效应，明晰不同因素间的关系，从而研究公平感知与增收之间的关系。本书还以经济学理论、社会学理论和心理学理论作为理论支撑，对青海农牧民增收效果进行探讨，目的在于从心理感知层面寻找农牧民增收的创新指标。

1.3 国内外研究综述

1.3.1 国外研究综述

(1) 国外对公平问题的研究

公平理论最早源于心理学研究领域，属于个体的内在感知范畴，20 世纪 60 年代，美国心理学家 J. S. Adams（1965）提出了社会比较理论，实际上也是公平理论的内容。公平理论涉及个体的内在心理感知层面，最初很多研究是针对劳动者个体薪酬分配过程中产生的公平性与合理性，这些使劳动者个体产生的内在心理的微妙变化，如果是公平与合理的，那么个体的内在心理感知是良好的，但如果是不公平与不合理的，那么个体的内在心理感知则不佳，这就直接影响到了劳动者个体行为的积极性。

国外对公平问题的研究起源于公平理论，公平理论是指认知的延伸理论（Folger，1986），该理论试图将正义的不同组成部分整合到一个全球性的理论中的公平（Folger and Cropanzano，2001），着重于认知过程中哪些人对负面事件负责对物质和心理健康的影响（Folger and Cropanzano，1998）。随后也有很多学者对公平感知定义（Marie et al.，2021）、维度与指标（Sebastian et al.，2018；Carolyn et al.，2021）、公平结果（Federico et al.，2021）等方面进行深入研究。20 世纪 80 年代以来，国内学者根据国内实际状况来研究农牧民公平问题（周浩 等，2016；王昌海，2015；邢成举，2018；郑沃林 等，2020；张琦 等，2019）。近年来，多数学者的研究成果聚焦于一个组织中，劳动者个体在生产过程中会不由自主地关注不同劳动个体间的差异并对差异进行比较，同时，还会与过去的自己进行比较（Jessica M. et al.，2011；Jason A. et al.，2018）。当劳动者发现自己目前的报酬或福利高于他人和自己过去拥有的报酬或福利时，他会感受到内在的公平，认为这是一种公平的待遇，从而能更积极地投身到工作中并提高工作效率；反之，则认为是一种不公平的待遇且产生消极的心理从而降低工作效率（Konstantinos et al.，2019）。除此之外，公平理论不仅针对个体报酬进行研究，也针对过程研究、人际与信息等方面进行研究，这涉及劳动者的生产效率，在劳动过程中获得的信息和资源，体会到人际关系等方面的内在公平感（Jinseok et al.，2018；Sebastian et al.，2018）。

（2）国外对农牧民增收问题的研究

从20世纪起，在农业发展过程中，财政相关的政策支持逐渐被全球各国关注，从学术界的一些研究成果可以看出，当时的学者都在关注有利于农业的相关政策（R. Douglas Hurt，2010）。美国在1933年制定并颁布了有关农业优化调整的相关法律，之后，一些专家和学者也从财政支出角度分析、探讨积极有效的财政支农政策对促进经济增长与社会发展的影响。例如，哈罗德和多马从储蓄与投资的角度研究投资对提升社会生产力及促进经济增长的作用，并通过乘数效应反映社会财富的增加，由此得出结论，增加对农业资本投入能促进农业经济增长（Devan et al.，2015）。在支农政策实施效果的实证研究方面，国外一些学者通过建立计量经济学模型论证财政在农业经济增长等方面的效应。在社会收入分配等方面，学者关注一国在社会经济发展过程中各阶层劳动者收入差距变化等问题，其研究焦点更多侧重发展中国家各阶层劳动者收入差距变化等，结果显示，农民收入增长处于不利地位（Matti et al.，2011）。刘易斯创建了二元经济模型，后来学者在此基础上研究劳动力城乡迁移模型（Özcan et al.，2019），他们共同揭示了在工业化过程中农业部门与劳动者收入差距及其变化规律等（John N et al.，2018）。

1.3.2 国内研究综述

（1）国内对公平问题的研究

从古至今，公平一直是人类孜孜以求的目标。不管是朱熹提出的“一心可以丧邦，一心可以兴邦，只在公私之间尔”，还是拿破仑认为的“在政府事务中，公正不仅是一种美德，而也是一种力量”，这都反映出公平对于政府维护社会稳定与国家繁荣的必要性。在全面深化改革的关键时期，我国政府正积极构建社会主义和谐社会，扎实推进脱贫攻坚战，努力提升民众获得感。实现上述目标，政府不仅需要依靠经济建设积聚的物质基础，还必须加强制度建设，营造公平正义的社会环境。

根据对实地的调查研究，针对农村土地制度下农民收入经过确权后达到的公平与效率，同时，当收入出现不平等的现象时，农牧民幸福感会在社会资本的影响下出现波动（李力东，2017）。无论是怎样的群体，在公平与平等的获取和享有过程中也会使其影响个体行为（李鑫远 等，2018；刘连泰 等，2019）。

（2）国内对农牧民增收问题的研究

国内学者对中国农民收入进行了持续的关注与研究，肖怡然和龚贤（2018）针对甘孜藏族自治州的农牧民样本进行调查，发现农牧民的收入存在差异，旅游扶贫会为农牧民提高收入。存在这样一种规律，在城市或者城市周边的农民收入来源多元化，主要来源于第二产业与第三产业，且收入总量较高；而距离城市较远的农户收入来源比较单一，且主要来源于第一产业，即传统的农业生产领域（胡晗 等，2018）。在劳动力非农转移的问题后，提出信息来源是非农转移的主要原因，且起到了积极的促进作用，建议政府建立与完善劳动力收集信息的相关制度，以此避免由系统机制信息流通障碍导致的农民增收问题。针对劳动力转移与收入的问题，研究发现，农户的生计资本不仅会提升农户的收入水平，易地扶贫搬迁也会对农户收入产生显著影响（黄志刚 等，2018；李聪 等，2019）。鉴于我国农牧民的复杂与多民族文化特征，生计策略选择并不是单一简单的经济行为，从公平感的视角来看，它是农牧民自身意愿到选择的复杂过程，这一过程会受到经济、社会、文化和心理的深刻影响（钱文荣 等，2013；牛静坤 等，2016；杨奎臣 等，2018；韦志林 等，2016；郑雄飞 等，2020；祝天智，2019）。在已有的文献中，农牧民公平行为和农牧民生计策略选择之间的互动关系一直未得到应有重视，尤其在国内尚未得到系统深入的研究，然而，农牧民公平对生计策略选择的研究直接关系着农牧民生活与社会的稳定。农民收入增长相当于获取未来资本的一种方式，可以通过合理配置城乡劳动力资本与社会资源使资源发挥最大效益，因此，劳动力的身份问题和生计问题也是资本与资源积淀后产生的结果，对个体收入产生影响（卢海阳 等，2018；孙晓一 等，2016）。

综上所述，国家历年来对农牧地区的经济社会发展倍加关注，相继出台了各类帮扶政策，同时，通过对产业优化升级、特色产业扶持等方式拓宽农牧民收入渠道，在学术界，农牧民增收问题一直以来是焦点问题，且多数学者对以外力因素推动农牧民增收进行研究（张丽霞，2020；王琼，2020；薛凤蕊 等，2012）；近年来，多学科交叉研究愈来愈受到国内外学者的关注，心理学也悄然融入了经济管理研究领域，有学者关注到农牧民收入的影响因素是来自多重因素共同作用的结果，内在心理层面因素成了研究农牧民收入问题需要关注的重要因素之一（万国威 等，2016；李中锋 等，2016；毕文芬 等，2017）。然而，虽然学者普遍认同农牧民收入有多重影响因素，且从政策、经济、文化、技术、心理等角度已做出相关研究（李文龙 等，2019；李芬 等，2013），但是在考察农牧民增收问题时，对心理层面影响因素的分析仍不够深入，尤其从公平感知的新视角进行规范和系统的实证研究仍较少。

1.4 研究内容

本书利用青海农牧民的实地调查问卷数据，基于"青海省农牧民收入及其变化—青海农牧民公平感知测度—公平视角下青海农牧民增收影响因素（从三个层次分析）—评价公平感知的增收效果"这一逻辑链条，系统考察了青海农牧民公平感知的现实状况与特征，在构建农牧民公平感知及测度其指标体系的基础上，分析农牧民公平感知的特征和差异性，并实证检验在公平视角下影响农牧民收入的关键因素，在此基础上评价公平感知的增收效果。因此，如何从宏观层面至微观层面确保农牧民获得并享受公平，顺利实现生计可持续性，对青海农牧地区的经济发展及社会稳定均起到至关重要的作用。

（1）青海省农牧民收入水平及其变化

针对近几年青海省农牧民收入状况，从不同视角加以分析，从宏观数据寻找影响农牧民收入的关键因素。首先，分析农牧民近几年的人均可支配收入，且与全省居民进行对比，从纵向视角寻找农牧民收入增加的规律；其次，将农牧民收入的结构加以分析，且从横向视角分析农牧民收入增加的原因，比较不同层面影响农牧民收入的多重因素；最后，针对以上纵向与横向的收入数据对比分析，寻找出制约青海省农牧民收入的重要影响因素。

（2）青海农牧民公平感知的内涵、测量与维度

首先，对公平相关理论进行全面梳理和归纳，从经济学的角度，阐释并界定农牧民公平感知的内涵与本质；其次，构建表征农牧民公平感知的各项指标，选择合适的代理变量，以青海农牧民入户调查资料为数据，对典型农牧民安置村庄农牧民公平感知进行测度，利用因子分析法测度总体公平感知水平；最后，依据现有理论和实证研究，拟从分配公平、程序公平、人际公平、信息公平等四个不同维度探讨农牧民公平感知，分别从各维度水平衡量公平感知的特征，拟采用熵值法或因子分析法等进行测度，比较不同维度的公平度差异。

（3）公平视角下青海农牧民增收影响因素

针对公平视角下青海农牧民增收的影响因素，从宏观层面到微观层面划分了惠农惠牧政策、农牧地区产业融合、农牧民个体生计等三个层面并逐层进行分析。

第一，对青海农牧民参与惠农惠牧政策进行调查分析。首先，根据农牧民参与惠农惠牧政策的情况，将其分为参与组与对照组两个群体，分别针对两个群体对比在增收变化上的差异性；其次，分析公平感知各维度在惠农惠牧政策与农牧民增收之间的作用，比较并把握三者之间的关系。

第二，选取了农牧地区产业融合变量，重点考察公平视角下农牧地区

产业融合对农牧民增收路径的影响，及农牧民公平感知在其中的作用。首先，对该地区的产业融合情况进行调查分析，根据产业融合情况，将当地是否实施产业融合作为衡量指标；其次，分析公平感知各维度在产业融合与农牧民增收之间的作用，比较并平衡三者之间的关系。

第三，选取了农牧民个体生计变量，重点考察公平视角下生计对农牧民增收路径的影响，且农牧民公平感知在其中的作用。首先，对青海农牧民个体生计转型意愿与生计转型行为进行调查分析，根据农牧民参与不同生计方式的情况，分析农牧民个体生计转型意愿与生计转型程度对农牧民增收的差异性；其次，分析公平感知各维度在农牧民个体生计与农牧民增收之间的作用，比较并平衡三者之间的关系。

针对农牧民增收效果，该部分重点评价公平感知对农牧民增收效果的影响效应，试图回答公平感知各维度对增收效果的作用机制。一方面，根据相关理论研究基础，选取青海农牧民增收效果评价指标，拟利用合适变量表征农牧民增收效果；另一方面，检验公平感知对农牧民的增收效果，同时，比较评价不同公平感知水平的增收效果。

通过结合农牧民公平感知存在的困境等因素，提出实现农牧民增收过程中政策、产业、生计等方面的具体规划和体现方式，同时，针对不同的保障措施，逐一展开有针对性的研究，进一步凝练出能够在更大范围内推行的有效行动方案，进而为相关部门政策的制定提供具体而有操作性的建议。

1.5 研究思路与技术路线

1.5.1 研究思路

本书主轴沿着“青海省农牧民收入及其变化—青海农牧地区农牧民公平感知测度—公平视角下青海农牧民增收影响因素（从三个层次分析）—

评价公平感知对增收效果—保障措施与对策建议”这条内在逻辑线路展开。本书将青海农牧民作为研究对象，以公平理论、增收理论等为指导，构建公平感知视角下青海农牧民生计选择行为理论分析框架，从公平感知视角研究该地区农牧民增收的内在机制，具体思路如下。

第一，从农牧民收入现实状况和农牧民内在心理感知出发，提出现实需要解决的关键问题，即农牧民的增收问题。

第二，梳理国内外有关增收与公平等理论研究，进一步将现有研究的侧重点与容易忽视的问题进行阐述，提出本书的研究视角，与现实问题进行对比，总结出本书的科学问题，即青海农牧民公平感知及其对增收的研究。

第三，选取“十二五”末至“十三五”末的时间点，从纵向与横向两个角度，全方位分析青海农牧民的收入水平及其变化，根据收入变化的趋势寻找一定的规律，由此推断出增加青海省农牧民收入的主要影响因素。

第四，根据本书的理论分析框架与基础，界定农牧民公平感知的内涵，划分农牧民公平感知的维度，通过构建的指标体系测度农牧民公平感知度，同时，分析农牧民公平感知不同维度的特征和差异，厘清公平感知相关因素，也成为本书研究的出发点。

第五，通过宏观视角至微观视角，分析出影响农牧民增收的主要因素，探究公平视角下惠农惠牧政策、农牧地区产业融合、农牧民个体生计分别对农牧民增收的影响及在增收过程中的作用。

第六，综合评价公平感知对农牧民增收效应的影响，即不同水平的公平感知对农牧民增收产生的作用，并分析不同结果背后的原因。

1.5.2 技术路线

根据研究的理论逻辑与思路，技术路线如图 1-1 所示。

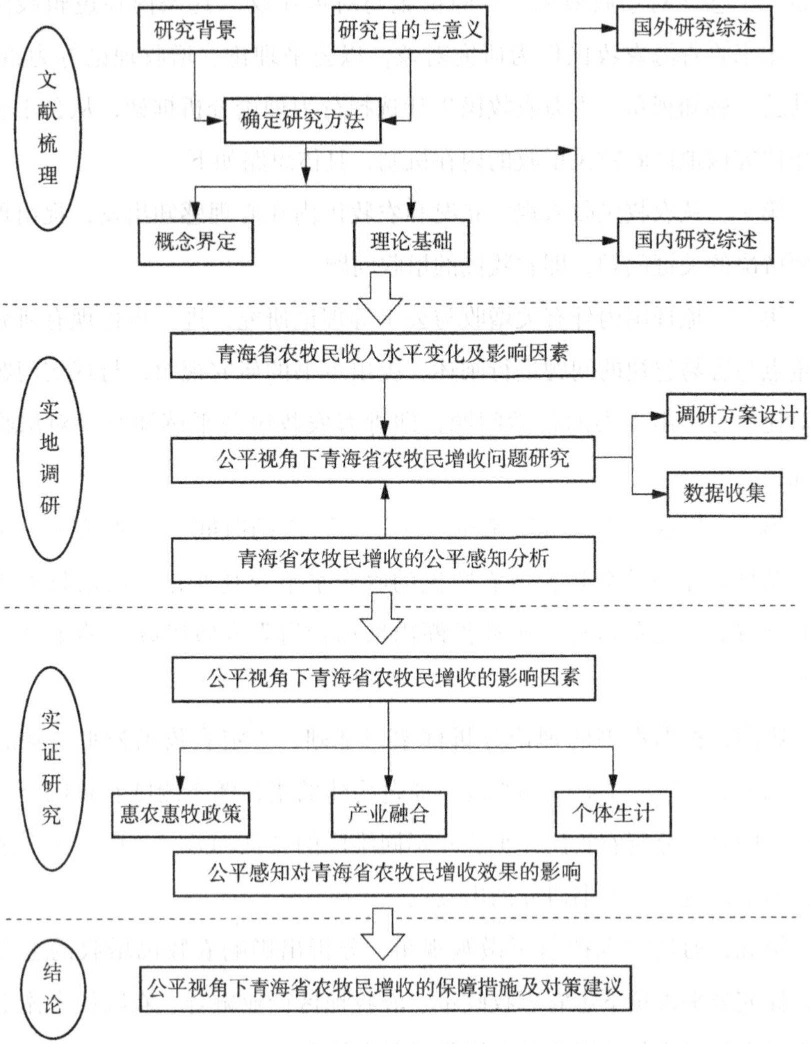

图 1-1　技术路线

1.6　创新之处

第一，研究视角的创新。梳理现有研究成果，忽略了对青海农牧民内在心理感知因素的研究，由于内在心理感知是主观与客观结合的心理过程。本书选取“公平”视角，通过公平感知变量表征“公平”，运用统计学中潜变量方法将不易观察和描述的公平感知的特征显化，设计合理的问项表征农牧民公平感知，构建农牧民公平感知的指标体系，并利用因子分析法将公平感知量化，具有一定的探索性。

第二，研究内容的创新。目前，从国内外研究成果来看，学者多从不同视角关注收入增长等问题，但对外力与内力结合研究的并不多，加之，农牧民是生活在青海经济欠发达地区且多以少数民族为主的群体，其增收问题更应从多层次因素考虑。本书通过近年来对农牧民收入的比较分析，探寻出影响农牧民增收的主要因素，并通过实证研究进行检验，从外在因素与内在因素结合的角度分析了影响青海农牧民增收问题的原因，在内容上具有一定的创新。

第2章

概念界定与理论基础

2.1 概念界定

2.1.1 农牧民增收

基于收入相关理论，收入可以根据来源细分为四类，分别是工资来源的收入、自主经营来源的收入、转移来源的收入、财产来源的收入。为了深入研究收入内部结构，将收入看作由不同类型收入组合而成的集合体。其中，工资来源的收入主要是指劳动者从事具有长期稳定收入的工作而获得的劳动报酬；自主经营来源的收入主要是指劳动者通常以家庭为经营单位，经过生产与管理具有自主性质的劳动活动而获得的报酬；转移来源的收入不是劳动者通过劳动得到的劳动报酬，而是通过政府的转移性方式或他人赠予方式得到的收入；财产来源的收入主要是指资产所有者会向其他一些组织提供资金，或者向这些组织提供一些非资产类的有形物，其中产生的作为回报形式的收入（David et al.，1994；Kung，2002；Johnson，1953；Gardner，2000）。为提高农牧民收入，一方面，拓宽这些不同细分后的收入渠道都是为农牧民增收开辟新的路径；另一方面，需要探究影响农牧民收入的因素。实际上，地区的经济增长是可以带来涓滴效应的，某一地区的经济发展能直接惠及居民的收入增长，也会减少贫困（Aghion et al.，1997）。由于收入的内部结构具有不同性质，地区经济结构的差异性也会对居民收入具有一定程度的影响（Chenery et al.，1986）。农牧民的收入增加问题，主要体现在农业方面，农业的产出增加就会使农牧民农业产业方面的收入提升，而农业的产出实际上是农业各生产要素投入的相关函数（Douglas，1976），在这里提到的农业生产要素主要是指劳动、资本、土地与技术，其中，农业劳动实际上就是生计行为的一种外在表现。另外，资本禀赋、土地或者技术创新等也是增加农牧民收入的途径，然而，对于青海农牧地区来讲，劳动与资本显得尤为重要，因为经济欠发达的青海农牧地区以牧业为主，相比较而言，土地与技术对于农牧民增收起到的作用并不明显。除此之外，农产品和畜牧产品的价格与贸易量也都会对农牧民收入造成一定的影响（蔡昉 等，2005；林毅夫 等，2003；林毅夫，2008）。

20 世纪 80 年代，中国乡镇企业的发展，对农民收入增长起到了重要作用（林毅夫，1998；张车伟 等，2004），在浙江等沿海地区，基于农村产业集群模式的农村工业化萌芽和发展带来了农民的收入增长。另外，家庭联产承包责任制（朱农，2005；Mcmillan et al.，1988；Lin，1992）、土地产权制度（曲福田 等，2011）等农村体制变革与农民收入也是直接相关的。中国金融发展（温涛 等，2005）、教育（Schultz，1964）、健康人力资本（刘国恩 等，2004）等对农民收入也将造成一定影响。然而，在近年学界，学者在研究过程中发现农牧民收入问题更多的是和农牧民就业问题有着密不可分的关系（蔡昉，2017；张川川，2015；王庶 等，2017；骆永民 等，2020；吴彬彬 等，2020）。仅仅依靠农业这一产业的发展，很难对农业人口收入带来决定性的改变，也无法为从事农业的劳动力提供更多的就业机会（章莉 等，2016），农业方面的收入对农牧民增收已经不再起到主导作用，而非农业方面的收入反而逐渐成为推动农牧民收入增加至关重要的因素（杨凡，2015）。对于农村而言，劳动力的转移逐渐成为农村劳动力取得非农就业机会的最普遍方式（李谷成 等，2018），因此，需要依靠劳动力市场的调节（陈斌开 等，2013；陈璐 等，2016），建立全国统一大市场才能为更多从事农业的劳动力提供更多就业平台（王天宇 等，2016）。

因此，本书研究的农牧民增收主要针对农牧民从事的农牧业生产、兼业生产与非农牧业生产获得的收入，着重研究农牧民通过不同生计方式选择实现的增收目的。基于 2016—2019 年在青海省藏族地区的预调研与大规模实地调查，对农牧户进行了深入访谈，系统梳理已有研究对农牧民的影响，结合青海农牧地区实际情况，将农牧民增收定义为：生活在青海省藏族自治州的农牧民，以往习惯于传统的游牧生活，为了能够提高收入水平，通过选择不同的生计方式，农牧民增收类型有纯农牧型农牧民、兼业型农牧民与非农牧型农牧民。

2.1.2 公平感知

公平，每个人都会切身感受到。公平是指对待某个个体或某件事没有任何偏袒，合乎情理地解决问题，使参与某项工作任务中的每个人能按照自身的付出得到应有的回报。然而，如果出现某个个体付出了很多，却获得了较少的回报；或者某个个体付出了很少，却得到了很多的回报，这两类情形就都会导致不公平出现。按照客观与主观划分，公平可以有两种定义：一种是客观公平，是指资源在分配过程中或者分配结束后产生的公平；另一种是主观公平，是指个体评价自身的付出与收获而产生的公平。总而言之，公平不仅是一种客观存在的事实，而且是一种主观认知。对于客观存在的公平更多是通过一些客观的经济指标衡量的，如基尼系数或恩格尔系数等，这些都是表征一个国家或一个地区存在的公平程度；主观认知的公平即学界学者研究的公平感知，是个体或社会团体等主体通过一定的标准进行对比、分析，最终评价出公平与否的心理过程，这也属于心理学范畴，是一种内心的活动，主要表征了人们对各种利益团体或各级组织的评价感受（肖云忠 等，2016）。

目前，国内外学界在研究组织公平感时，将影响的变量分为了三类：一是针对结果，即自己的收入结果、晋升结果、工作结果、奖励结果；二是针对组织，就是组织成员的价值观与组织的文化价值观是否相符，组织目标作为劳动者个体对待工作态度和行为的表现；三是针对绩效，这是关于组织公平划分为各不同维度对绩效的影响。公平实际上来源于现实生活，它的本质属于事实，而个体内在的公平感知则是由此产生的具体的、具有启发式的感知表现，Lind（2001）提出个体在对公平的高低水平进行评判时，通常会根据现实事实产生的主观感受进行评判，这样可以避免个体对事物的认知差异性。值得一提的是，尽管学者对公平感知的理解存在分歧，但从以上可看出社会融入概念至少包含以下要点。①公平感知是一个独立的概念，也是全球化背景下社会发展的平等理想目标。②公平感知的目标是提高全体社会成员的福利，促进社会包容，实现公正公平等，以促进人类共同发展。③公平感知是一种试图影响过程的动态努力，强调人们在生活各方面的主观性。④公平感知是一个多维度、多层面的概念，涵盖分配、程序、人际与信息等方面的公平。

基于国内外相关学者对公平感知的探讨，本书定义农牧民的公平感知为：农牧民与当地城镇居民的异质性逐渐淡化，能全面地体现在分配、程序、人际与信息等各方面，让农牧民与当地居民在相互交融、渗透的过程中体会到内在公平感。

2.1.3 惠农惠牧政策

近些年来，各级政府对青海农牧民增收问题给予了高度重视，青海农牧民增收相关的政策体系也逐渐丰富与完善，不仅体现在农牧民收入的增长，而且在地区间收入差距的减少方面起到了关键作用，该部分梳理了青海省近年来颁布并实施的关于农牧地区农牧民增收的各类政策，在本书研究过程中统一称为“惠农惠牧政策”。“三农三牧”工作一直以来是青海省政府高度重视的一项工作，这是以国家收入分配政策为主要方针，立足于青海农牧地区现实经济社会发展状况，制定出的一系列涉及农牧民收入增加的相关政策；同时，省内各级政府及相关部门又根据农业农村部关于农村发展的新需求，针对农牧地区农牧民收入因地制宜地出台了相关文件。这些地方举措都是为了使国家惠农惠牧政策在青海农牧地区最大限度地发挥作用。

因此，本书研究的惠农惠牧政策是根据青海省人民政府、青海省农业农村厅、青海省财政厅等相继出台的关于省内农牧民增收相关政策文件，同时，梳理了2020年中央一号文件《中共中央　国务院关于坚持农业农村优先发展做好“三农”工作的若干意见》和 2019—2020 年青海省委 1 号文件等政策文件中关于农牧民增收方面的文件精神，从中选取了一些具有代表性的政策文件仔细研读，主要分析了以下政策：4 项农牧业补贴政策、4 项农村公共产品供给政策、1 项耕地保护政策、2 项农村金融政策、3 项农村产业结构调整政策、1 项精准扶贫帮扶政策等。

2.1.4　青海省产业融合

信息技术革命于 20 世纪 70 年代全面爆发，在这场变革中，美国是当之无愧的引领者，产业融合由理论转化为实践。1994 年，在哈佛大学组织的一次学术论坛中，美国率先提出了“产业融合”概念，欧洲委员会于三年之后对其进行了概念界定，主要涉及技术、网络、市场三个层次。该委员会指明，不能只是从技术层面对融合做出理解，而要将其当成一种社会运作模式。有学者表示，产业融合会受到诸多因素的干扰，包括市场服务、价值取向、技术水平等，逐渐模糊了产业边界甚至边界完全消失。还有学者认为，产业融合涉及设备、网络、技术、管制等方面，不同企业间的融合也隶属其中（Françoise et al.，2015；Roberto et al.，2014）。

对于农村产业发展而言，三产的成熟发展，不仅要用现代化的先进理念实施改造，也要涵盖大量现代化要素。例如，在第一产业发展中，应该对生态牧业、生物农业等表示重视。企业在日常经营中，既可以设立内部种植基地，也可以发展订单农业，并把农业、旅游业、互联网等产业相整合。在第二产业发展中，除了要对第一产业提供的高附加值原料进行加工，创造出具有更高价值的产品以外，还要向后端拓展，使之与第三产业相整合。企业在发展时，既可以设立产业园区，也可以把旅游业融入工业企业中，为游客提供观赏与体验的机会。在第三产业发展中，不仅要把前两大产业整合到一起，还要积极销售产品，旅游景点既要提供住宿服务，也要提供物流配送、产品交易等的市场服务。借助先进的互联网技术，不仅要解决第一产业与第二产业在地理区位上割裂的问题，也要把线上与线下交易进行整合，促进电商发展。多数学者针对农村产业融合做了研究，将农村产业融合界定为农村产业化的升级版，而农村产业化是指各经营主体以市场为导向，将贸、工、农三部分打造成一个整体，延长其产业链。还有学者认为，农村产业融合的发展必须确保其发生在农村，农业与牧业在发展过程中，一定要体现出当地产品特色。任何一个产业的发展都要得到充足的资本，在农牧地区，当某一产业吸纳了较为丰富的资源之后实现了发展，就会逐渐拓展到经济发达地区，在更大的范围内产生推拉效应。农村产业融合项目应该是区域内的重要经济增长极，能让更多城乡居民获得就业机会，既有利于促进基础设施水平的提升，也能达到促进经济发展的目的，对合作社发展起到促进作用。对农牧地区而言，要对农村产业融合予以重视，对这种发展模式进行分析，普遍上就是实现了产业化的升级，与农村产业融合相比，青海产业融合有着更加丰富的内涵，逻辑也更加清晰，这一概念的提出及相关概念的发展，原因比较多，但最根本的一点就是我国不同地区在经济协调发展方面提出的新要求，也是为了更好地促进青海市场的健康发展。

因此，根据诸多专家学者的观点，本书中提到的“青海产业融合”就是充分发挥出龙头企业的带动作用，在农牧地区建设过程中把更多精力用于优势比较大的农牧业产业中，提升管理现代化水平与运营专业化程度，使粗放式管理能尽快转变为集约化管理，使青海在经济建设过程中能取得更优异的成绩，对农牧民收入增加起到带动作用。通常而言，省内农村或牧区等以广义角度的农牧业为主导，在农业与牧业两个方面实行第一、第二、第三产业融合发展的方式；同时，青海产业融合依托当地优势资源，紧密与农业和牧业捆绑在一起，既将经济发展留在青海省，也给经济发展注入核心。

2.1.5 农牧民生计

广义上的生计策略包括生产活动、投资策略、生育安排等，狭义上的生计策略一般是指生产活动。而根据生计策略为家庭收入带来贡献程度的不同，可以划分为纯农业的生计、非农业的生计、纯农业与非农业混合的生计三种类型。朱建军等（2016）对生计策略界定是为了实现生计目标而采取的行动和选择。一般认为，生计策略主要包括外出务工、自主经营和人口迁移等方面。而在生计策略选择之前，需要先对农户的生计策略类型进行划分，现有研究根据研究目标和研究背景的差异，对生计策略类型的划分也不同。从农户生计策略分类的具体方法来看，目前主要有两类：一类是通过研究者主观判断来设定具体的划分标准，将农户划分为不同类型，如有手艺打工、无手艺打工、创业、固定工作、无工作等（郭秀丽等，2020；安祥生 等，2014；孙晓一 等，2016；黎洁，2017；徐锡广 等，2018）；另一类是运用聚类分析方法对农户进行类型划分（赵为民，2018）。也有研究直接以当地的生计活动类型作为非农生计策略类型，如将生计策略（活动）划分为纯农、外出务工和非农自营三类（王君涵 等，2020；金莲 等，2020；刘卫柏 等，2019）。相比较而言，采用聚类分析方法划分的结果更客观。Y. Tesfaye 等（2011）和 A. Soltani 等（2012）都以各种收入在总收入中的比例作为指标，将主成分分析与聚类分析相结合对农户生计策略进行分类。王娟等（2014）也采用该思路进行了相关分析。

因此，本书根据收集整理的相关资料及在预调研过程中对青海农牧民的访谈，将农牧民生计界定为：涵盖传统农牧业、兼业、非农牧业的全部劳作型生计，具体包括纯农牧型生计、兼业型生计和非农牧型生计。

2.2　理论基础

2.2.1　公平理论

对公平的研究可追寻到人类诞生时期，可见，有关公平的相关理论研究一直伴随着人类社会，从未停止过，而基于许多学者的研究，在整个历史长河的积淀下，公平理论的发展经历了几个阶段，分别是早期的公平理论、中期的公平理论和后期的公平理论。这些理论的研究经过梳理后，对当今社会经济发展具有重要的借鉴意义。

（1）早期的公平理论

早期的公平理论主要立足于分配方面，以古典自由主义对公平理论的界定为标准，主要代表了资本主义社会对分配的公平理念，它以自由市场经济理论为依据。休谟、洛克为政治哲学领域的代表人物，斯密为经济学领域的代表人物，而当代古典自由主义的主要代表人物则有政治哲学家诺奇克和经济学家哈耶克、弗里德曼等（Lutz Priese et al.，1987；Adel Azar et al.，2011）。早期的公平理论认为，每个人的自由与权利是不能被他人侵犯的，个人利益大于整个社会的利益，因为人是社会形成的基本单元，只有个人拥有至高无上的自由与权利，才能保证社会中出现公平。因此，只要在分配过程中充分尊重市场经济中个人的自由，保证人们的基本自由和权利不受侵犯，不论分配结果是什么，采用的分配方式就都是公平的（Haruto et al.，2010；George et al.，2006）。而国家的职责是要保护市场资源交换的公平和规范，避免在交换过程中出现欺诈和强迫行为。早期的公平观认为，市场机制作为实现社会公平的根本保证，更加倾向于推崇自由的市场功能，从而否定了政府在促进社会分配公平中所起的积极推动作用。古典自由主义者提出的“机会公平”观点反对通过社会再分配途径实现的“结果公平”，因为运用政府权力建立的社会再分配制度本质上属于将某个社会群体的意志或利益凌驾于整个自由市场经济之上，这样不仅不能实现公平，反而还会威胁到自由制度本身（Armin et al.，2008；Pragya et al.，2020）。

（2）中期的公平理论

中期的公平理论主要以福利经济学的功利主义公平观与收入分配公平观为代表。20 世纪初，英国最早出现福利经济学的相关研究，随后传播到欧美等国家，经济史学家将福利经济学划分为新派与旧派。到 20 世纪 50 年代，新的福利经济学形成，新的福利经济学认为当一国的经济福利总和增加时，整个社会的福利水平也随之上升。如果资源得到最有效配置，则整个经济就是最有效率的，从而能实现整个社会的福利最大化（Luis C. et al.，2001）。事实上，新、旧福利经济学都是根据边沁的思想提出的，都认为市场竞争是有效的，同时，政府也应采取措施以矫正“市场失灵”，实现社会福利最大化（Pragya Mathur et al.，2020）。因此，福利经济学的功利主义公平观认为，应以完全竞争市场配置社会资源，并使之优化达到社会总体福利最大化，同时，也把收入均等化作为社会福利极大化的重要途径。

而收入分配公平观认为，平等是社会和谐发展的基石，平等、正义是推动社会发展的重要基础。这个理论是罗尔斯提出的，他认为产生不平等是由于社会文化和个人天赋，前者可以通过社会制度消除，而后者根本不可能解决（Tae-Youn Park et al.，2017）。

（3）后期的公平理论

后期的公平理论主要以社会主义公平观为代表，社会主义公平观，即社会主义市场经济公平观，它既不同于社会主义计划经济的公平观，也有别于资本主义市场经济的公平观。社会主义公平观既具有市场经济公平观的一般特征，这是常见的特征，也是许多公平理论都具备的基本特征，还具有社会主义市场经济的特征，因为这是在社会主义导向下的公平观，因此，这一公平理论的竞争权利和机会均等都是用于评价公平与否的必要条件（Mya Poe et al.，2019；Jessica B. et al.，2017）。同时，在竞争过程中的各项规则与要求也是需要公平公正的，尤其是在个人利益分配方面，既要保证公平平等，还要根据每个人的贡献力度不一致区别对待。社会主义公平观需要遵循四个原则，分别是共同富裕原则、按劳分配原则、防止两极分化原则、公平和效率辩证统一原则（方润 等，2017；韦惠兰 等，2017）。

2.2.2　政策理论

在发展经济学、制度经济学和政治经济学中，没有政策保障农牧民收入的专门理论，最多的还是通过政府的宏观调控对农业进行干预的研究，这里的“农业”是广义概念，是指农业、林业、畜牧业、副业、渔业，牧区畜牧业在农业建设中占据着重要分量，既能对农业产业发展起到导向作用，还能提供重要支持，这种积极影响也会发生在牧业中，农民与牧民的收入也会得到增加。

在政治经济学领域，马克思对政府能起到怎样的宏观调控作用进行了深入分析。在他看来，社会主义国家的身份具有双重性特征，既要从政治方面维护无产阶级利益，也要从经济方面维护无产阶级利益，在国家建设与生产中，市场机制会对其产生重要影响，但在这种影响下会出现一系列不理想的情况，例如，经济发展失衡、贫富差距拉大等，这些问题主要靠政府来解决，使各方利益得到协调，这也是社会主义国家职能的主要体现（吕源，2016）。由于存在着市场失灵的情况，政府必须从宏观层面对经济发展进行调控。1936 年，凯恩斯在自己的著作中向广大读者介绍了国家干预经济理论，建议国家层面不能采取自由放任的政策，要以积极手段对国民经济发展进行调控。正因为要摒弃自由经营的做法，所以在解决各种问题时要发挥出财政政策的作用。世界经济于 20 世纪 30 年代整体上较为萧条，凯恩斯等经济学家提出的观点产生了良好的实际效果，由于国家在经济运行中进行了调控、干预，充分释放出有效需求，消费量、投资额都有所增加，不仅实现了经济发展，也遏制住了失业问题，经济波动幅度有所下降，在多个方面取得了成功，国家干预经济获得了良好开端（马军，2009；石磊，2011）。

由此可见，在市场经济发展中，各种资源的分配权同时掌握在政府与市场手中。萨缪尔森是新古典经济综合派理论的奠基人，他把现实经济描述为混合经济，他认为政府要起到干预经济的作用，而市场则要承担合理分配资源的责任，只有把两者的控制能力整合到一起，生产与消费才能变得更加合理。政府在整个市场中，无疑是最活跃、最有实力的经济主体，由于政府手中掌控着较大的政治权力，可以对经济资源加以利用，与私人经济单位一起促进经济发展。如果市场在发展中能得到政府参与，市场在对经济问题进行分析与解决时，价格机制将发挥出重要作用，供给则是由需求带来的。萨缪尔森表示，即使市场经济在建设中得到了政府参与，而最基本的组织形式仍为市场，政府要承担对市场机制进行调整、矫正、弥补等责任①。经济社会的发展遵循市场原则，政府在对经济进行调控时要灵活运用政策工具，调控涉及如下内容。第一，需求弹性是指在一定时期内某种商品需求量的变动对于其价格变动的反应程度。依据其弹性的大小可以分为富有弹性和缺乏弹性，即当某种商品价格的变动对其需求量变动影响较小、当某种商品价格的变动对其需求量变动影响较大。由于大多数农产品是人们生活中的必需品，无论其价格如何变动，其需求量都是相对稳定的，所以农产品往往被认为是缺乏弹性的商品。因此，农民单纯依靠生产农产品实现收入的快速增长是较难实现的，即使丰收年达到了丰产后也并不一定能为农民自身带来收入的大幅度增长与提高，大家熟知的谷贱伤农就是这一现象的现实证明，可见农业相关补贴政策是需要深入探讨的（Michal Brzezinski，2019）。第二，帕累托无效率的前提是其他人一直保持原有的效用水平，在这种情况下对产品与资源进行重新分配，其中，一部分人的效用水平会得到提升，这也充分体现出在此之前资源配置并不合理，存在着较大的调整空间，即帕累托无效率。在此前提下，要想使部分人获得较高的效用水平，最有效的方式就是对资源进行重新分配，这就是帕累托改进。农民从事生产经营活动是为了获得较高的收益，由无效率转变为最优状态。作为农民，他们的收入来源于种地、劳动，但如果从资源配置方面来看，两大资源的分配并不合理，即帕累托无效率，需要对这一状态进行调整（Travis et al.，2021）。第三，不完全信息理论是指在时、空两个方面，每种经济行为的主体与资源的分布并没有达到最均衡状态，甚至存在着不完全对等的情况，就是因为他们都没有获得完全信息，存在着各种不协调。在不完全信息背景下，行为主体很难做出最合理的选择。在传统农业发展过程中，社会生产力水平比较低，农民根本不具备改变外界发展情况的实力，不能及时利用新技术、新方法为自身获取更高的利益，只是满足于维持基本生产与生活。再加上农业生产具有较强的季节性

① 萨缪尔森．宏观经济学：第17版［M］．北京：北京邮电出版社，2003.

特征，而市场调节则相对落后，农民无法获得更充足的经营活动信息，在漫长的生产过程中经常会面临着农产品降价、腐烂等情况（沈宏益，2013）。农民是农业生产经营中的重要主体，他们不愿意为运用先进技术而冒险，农民在市场竞争中的弱质性是由农业弱质性造成的，农民收入面临着风险。

为了使农民能获得更高的收入，政府部门极力起到良好的宏观调控作用，从整体上进行调控、布局，甚至要靠硬性制度进行调控，政府这些行为的发生都能起到促进农民增收的作用。

2.2.3 产业融合理论

农业产业经营化是建立在农业社会化发展基础上的，也是农业市场化发展的必然结局。农业产业化经营的实施，不仅要在农业领域创建完善的生产经营体系，在种养、产供销等方面实现一体化发展，而且要更好地与服务业相整合，把农业、工业、商业相整合，更好地促进生产经营服务水平的提升。现代农业产业体系的发展，是多个产业融合发展的必然结果，在这个庞大的体系中，模糊了各产业之间的界限，但每个产业的分工存在差异。对现代农业产业体系的实质进行分析，就是把服务业与工业两大产业逐渐引领向农业领域。市场不完全竞争是微观经济学理论的研究背景，重点对市场构造、企业行为进行深入分析，产业组织理论是研究产业内部各企业之间的关系与结构、发展规律、属性等，此处说的“产业”是指一些彼此之间的产品与服务能互相替代的企业集合（Pearce，1983）。在这一研究领域，最重要的任务是既要对市场机制形成的竞争力提供有效保护，也要发挥出“规模经济”的优势，要想合理配置资源，就要对市场竞争提供支持与鼓励，在参与竞争的过程中，企业能逐渐实现技术升级，提高管理的科学化水平，由此获得更高的经济效益。此外，也要靠规模经济降低单位成本，避免竞争过度现象的发生使效率降低。谢贞发对国内外学者的产业集群概念进行了梳理，对这一概念的内涵进行了划分。一是经济集聚，就是要从横向与纵向保持联系，前者是要在不同企业之间形成互补，而后者是要在上下游企业之间形成良好的购销关系；二是地理集聚，就是在空间范围内，各企业之间存在着依存关系，并把多个产业整合到一起，不同企业互相合作，企业成本由此得到了控制，形成了范围经济、规模经济效应。从中可以看出，产业集群、产业融合二者之间的关系是不可分离的。产业在空间之中的集聚既能为创新提供依托，也能加快产业渗透与融合，当各产业之间的结合越来越紧密时，新的产业集群就会形成。

在前文中有过介绍，产业融合是指一些存在着明显差异的产业与行业在发展过程中互相影响、渗透、交织，由此形成了良好的规模效应。在对产业融合进行研究时，学者最初绘制了三个互相重叠的图形，处于重叠部分的包括广播、计算等行业，在这一部分中的产业能实现快速发展（张功让 等，2011）。在此基础上，欧洲委员会在下发的“绿皮书”中，对产业融合进行了定义。不久之后，大量学者涌入这一研究领域，认为产业融合的目的是要更好地顺应发展趋势，逐渐模糊发展边界甚至完全消除边界（Namil Kim et al.，1997）。有学者认为，在产业融合过程中，要通过各种放松政策、创新技术，使不同产业之间的制约逐渐减少，增强各企业之间的竞争关系并保持良好联系（植草益，2001）。技术立异能为产业融合提供强大动力，进而会把这样的动力引入其他行业中。技术升级现象的发生，使市场供求有所改变，能获得更广阔的市场空间。所有的商家都参与竞争、变革，把创新看得格外重要，希望能更好地满足消费者需求并获得更大利益。由于产业融合现象的发生，产业边界逐渐消除，逐渐出现了新行业。农业三产在融合过程中，出现了许多前所未有的业态，包括观光农业、休闲农业等，由此创建了农贸一体化、产销一体化等模式，产业链越来越长，就业岗位也不断推陈出新，农村产业在发展中实现了增值。

产业融合是指不同产业或产业内部以多种方式打破了原有的分工链条，形成了新链条，并在这一过程中增强了产业分工的合理性（王南南，2018），对产业融合进行分析，可以从四个视角出发。一是从衍生角度进行分析，最初只是在信息通信领域实现了融合，把数字与技术融合到一起之后，产业边界逐渐消除。国内学者表示，融合起源于产业分离之中，既不是原来留存下来的，也不是在产业分离过程中留存的，而是在产业边界由固定不变转化到不确定这一过程中发生的，纸媒、广播等行业的出现成为产业融合的主要标志（周振华，2002）。二是从发生原因与历程视角进行分析，技术融合是产业融合的基点，通过交易与产物发展实现了融合，在融合的市场中，最明显的成效就是产业融合。还有学者提出，产业融合是把至少两个本来不存在必然联系的行业，在各自领域内企业竞争的过程中形成了融汇，在彼此联系的过程中形成了融合，而这种融合是由供求双方共同改变造成的（张丽君 等，2012；苏毅清 等，2016）。三是从行业组织与服务视角进行分析，产业融合发生在交易与知识密集的部门之中，最初的融合只是体现在产业结构中，产品机能发生了改变，能向市场提供这些产品的企业之间不再有分明的界限（翁钢民 等，2016；李美云，2005）。四是从产业发展角度进行分析，产业融合便是指从整体思路分析，产业在整体中维持调和性和完善性的建设，在该过程中，差别行业间进行互相交错、共同交融、共同作用，最后逐步产生新生产业的流程（胡玮桐，2019）。

综上所述，产业融合是一种起于信息产业，在发展过程中边界逐渐模糊化的，改变产业结构、发展的一种状态。

2.2.4 可持续生计理论

可持续生计是发展经济学研究的主题之一。生计的相关概念，最早与贫困问题联系紧密，后常见于乡村发展、农户生活等方面的研究，由于国内外学者对生计的研究学科与研究范围有所不同，对生计概念的界定存在一定差异。直至20世纪80年代，“可持续生计”一词被联合国世界环境与发展委员会正式提出，它主要强调不仅需要保护环境与社会发展，而且需要重视持续性保护与发展层面，因此，可持续生计的发展理念从20世纪末起，直到今天都被全球各界认同。

学界对可持续生计的相关研究起源于20世纪90年代，通过对实践中引发的贫困等问题逐步开始探索与尝试性的研究，各国政府和相关组织也积极参与可持续生计的研究，相应地产生了几种具有代表性的可持续生计分析方法，即英国国际发展署（DFID）提出的可持续生计分析框架、联合国开发计划署（UNDP）提出的可持续生计分析框架和国际救援关怀组织（CARE）提出的可持续生计分析框架（冯茹，2015）。在这三种生计分析方法的框架中，DFID 的可持续生计分析框架成了研究可持续生计的主流理论，其认可度与运用度最高，该框架强调在政策方面的行动力对生计产生的可持续影响（Carney，2002）；UNDP 提出的可持续生计分析框架也是一种重要的方法，该框架更多关注人们拥有的各类资源，对不同资源的合理配置已达到为人们增收的目的，在这个框架中还包括各类资产、生计能力等因素；CARE 属于美国的非政府国际组织，它是国际三大救援机构之一，由于该组织性质的特殊性，其提出的可持续生计分析框架更多重视弱势群体生计能力的可持续发展，注重个人内在与社会外界两个方面的激励作用，在该框架中包含生计内容、生计策略与生计结果。

相较于其他机构典型的可持续生计分析框架，DFID 的可持续生计分析框架应用最广泛且最受学界关注。2000 年，DFID 在可持续生计农村咨询委员会（IDS）等组织机构研究基础上提出了可持续生计分析框架（SLA），该框架由五个模块组成，分别是脆弱性背景、生计资本、结构与过程转变、生计策略、生计结果；其中，生计资本内容包含自然资本、人力资本、社会资本、物质资本、金融资本等五种资本。国外学者针对可持续生计分析框架中的不同组成部分，研究其中各部分之间的相互关联，并发现各模块之间存在相互独立且相互影响的关系（Kale et al.，2000；Sen，1997）。在此基础上，国内学者对可持续生计从点到线再到面进行研究，且研究程度也逐步加深，其中，最常见的是对可持续生计分析框架五个模块的深入探讨：一是针对脆弱性背景，学者大多运用脆弱性分析研究框架，构建研究对象的生计脆弱性评价模型与指标体系，以此研究生计脆弱的变化，为实现可持续生计探索有效的策略（杨云彦 等，2009；励汀郁 等，2018；刘伟 等，2018；梁爽 等，2019）；二是针对生计资本，学者将其作为自变量或因变量，探究生计资本的影响因素或在个体行为中起到的作用，发现生计资本中的自然资本、人力资本、社会资本、物质资本与金融资本在不同的研究情境下，贡献度都不尽相同，每种资本均具有非常重要的研究价值与研究意义（邝佛缘 等，2017；李聪 等，2019）；三是针对结构与过程转变，对于政策的聚焦成为该部分研究的主流，政策实践过程中往往会面临一些问题，为进一步完善相关政策，提高政策带来的实际效益，学者详细解读了在生计视角下政策的实施情况，以此更好地为政策制定与落实提供有力的理论依据（康晓虹 等，2018；龙彦亦 等，2019）；四是针对生计策略，通过不同地区劳动力群体的实地调查研究，采用实证模型分析不同生产决策下形成生计策略的差异性，从而选择出劳动力群体最优的生计策略（王娟 等，2014；朱建军 等，2016；苏芳 等，2017；蔡洁 等，2017）；五是针对生计结果，学者通常将家庭收入、可持续发展、生活水平等作为生计结果的衡量标准进行研究（吴孔森 等，2016；吴乐 等，2018）。国内学界对农牧民生计策略开展了不少研究，也取得了一系列有价值的研究成果（苏芳 等，2013；赵文娟 等，2016；许汉石 等，2012；王洒洒 等，2014；伍艳，2016；李丹 等，2015）。这些研究大多是从生计资本、补偿等方面探讨对生计策略的影响及不同群体生计策略的模式等，很少考虑到青海农牧民公平状况对其生计策略的影响。

2.3 本章小结

本章是本书的研究基础，即清晰界定研究对象、构建理论框架、分析作用机理。经梳理，本章厘清了公平感知、惠农惠牧政策、青海省产业融合、农牧民生计等相关概念的内涵与外延，同时，在公平理论、政策理论、产业融合理论、可持续生计理论等集中理论体系的基础上，分析阐明了农牧民公平感知对农牧民增收的作用机理，为本书后续研究奠定了坚实的理论基础。

第3章

青海省农牧民收入水平变化及影响因素

青海省各州县农牧民收入变化是历史演进与社会发展共同作用的结果，受到宏观、中观、微观等不同层面的多因素影响，本部分研究主要立足于青海省各州县区位、自然条件、社会、经济的研究，探寻影响青海省农牧民收入的因素。

3.1 青海省基本概况

3.1.1 区位及自然条件

（1）青海省区位

青海省的地理区位内包含六个藏族自治州，即黄南藏族自治州（以下简称“黄南州”）、果洛藏族自治州（以下简称“果洛州”）、玉树藏族自治州（以下简称“玉树州”）、海南藏族自治州（以下简称“海南州”）、海北藏族自治州（以下简称“海北州”）、海西蒙古族藏族自治州（以下简称“海西州”）。青海省按照行政区位划分的六个自治州都包含着县域，如黄南州中包括同仁县、尖扎县、泽库县与河南县，果洛州中包括玛沁县、班玛县、甘德县、久治县、玛多县等，玉树州中包括玉树市、称多县、治多县、囊谦县、曲麻莱县等，海南州中包括共和县、同德县、贵德县、兴海县、贵南县，海北州中包括海晏县、祁连县、刚察县、门源回族自治县，海西州中包括德令哈市、格尔木市、天峻县、都兰县、乌兰县。不同自治州区域内的资源也各有不同，由此导致了各自治州的农牧民人均纯收入存在差异。

（2）青海省自然条件

青海省地理区位在青藏高原腹地，青藏高原是世界海拔最高、我国最大的高原，被称为“世界屋脊”，区域范围为东经 73 度 19 分至 104 度 47 分，北纬 26 度 00 分至 39 度 47 分，南部临近喜马拉雅山脉，东部临近秦岭山脉，北部临近昆仑山脉和祁连山脉，西部临近帕米尔高原与喀喇昆仑山脉，聚集 10 个气候区，拥有着丰富的水、土地、动植物、矿产、光照和地热等资源。青藏高原总面积约 250 万平方千米，东西长约 2800 千米，南北宽 300~1500 千米。青海省在三江源地域，是长江、黄河、澜沧江的源头发源地，被广泛地誉为“中华水塔”，具有青藏高原生态系统和生物多样性的典型特点，它的生态地位对于我国江河的中下游及全球生态系统起到至关重要的屏障作用，该地区的植物与动物种类较多，自然生态的物种基本属于原始未破坏的状态，湿地面积也比全国其他省份都大，在这里有珍稀的高海拔植被与生物物种，因此，青海省的生态环境是不容忽视的。

然而，直至 20 世纪 80 年代，青海省的生态环境呈现出日趋恶化的趋势。省内区域内的生态系统与三江源生态系统一致，该区域的生态环境急剧恶化不仅会影响到国内乃至全球整个生态系统和气候环境，而且严重阻碍了当地经济社会发展与百姓日常生产生活，具体体现如下。一方面，青海省内草地退化严重，鼠虫害猖獗，土地沙漠化速度加快。据有关部门统计，草地沙化的现象很严重，退化与沙化的面积已经达到青海全省能利用草地面积的一半，加之，近年草地的鼠害非常严重，草地的产草量也在下降，同时，土地荒漠化的速度也十分迅速，沙化的土地已经达到了 2.5 万平方千米，重要的是，这些沙化的土地会向各大江河运送泥沙，直接导致水域的二次污染，水资源减少，湖泊数量缩减严重。近 20 年来，青海省内累计缩减 1071 个湖泊，如玛多县最严重时期由原来的 4000 多个湖泊锐减到 300 多个，曲麻莱县气象局经持续监测发现，该区域常年性的高山积雪减少了 95%，导致区域内出现一半的河流干涸，地下水位在 10 年间下降了 5 米。另一方面，严重阻碍了当地经济社会发展与百姓日常的生产生活，生态环境的恶化也对人们生活与当地经济有一定的阻碍，这是有理论依据的，根据美国经济学家的研究，格鲁斯等在研究社会经济问题时发现了关于环境的库兹涅茨曲线，这个理论认为，在工业化进程推进时期，环境被污染的程度会与经济指标存在一定的联系，譬如，生态环境恶化与人均收入会有倒U形的关系。在我国，由于目前的经济发展状况是从高速发展逐渐转变为稳步增长的发展阶段，因此对我国的经济发展而言，保护生态环境显得尤为重要，这样才能保证我国在今后的一段时间进入绿色发展时期。《青海生态环境损失分析与补偿措施初探》一文中计算了生态环境破坏对青海当地造成的直接经济损失，见表3-1，按照国际惯例，直接经济损失和间接经济损失是按照1：4.5的比例计算的，由此估计其间接经济损失是44438亿元。当地群众的生产生活也随着生态环境的恶化面临着危机，从20世纪80年代至今，草原的牧草产量从每公顷2000千克急剧下降到每公顷800千克，最低的时候达到每公顷400千克。许多富裕的牧户家庭由于生态恶化变成了少畜户或是无畜户，最终难逃贫困的恶性循环，如2008年青海省果洛州玛多县持续10级大风引起沙尘暴频发，致使许多草场被沙漠化，造成许多畜牧牲畜死亡，近400户牧民无家可归。

表3-1 生态环境破坏对青海当地造成的直接经济损失 单位：亿元

损失原因	年损失值	过去20年累计损失值	未来损失值	总损失值
水土流失	9	180	3340	3520
土地沙漠化	68	1360	800	2160
草地退化	15	300	1667	1967
森林破坏	—	—	2028	2028
自然灾害	10	200	—	200
合计	102	2040	7835	9875

资料来源：杜青华《青海生态环境损失分析与补偿措施初探》。

青海省内自然环境条件恶劣，如高寒缺氧、降水少、风沙多，且生态比较脆弱，破坏后难以恢复，而且人们生态环保意识差，滥垦滥伐，过度放牧等，致使草原退化严重，草原退化面积不断蔓延，草原退化、沙化进一步加剧了灾害性天气发生，由此形成恶性循环。加上草原基础设施建设滞后，抗御自然灾害的能力差，特别是设施农业、生态农业和特色农业发展迟缓，形不成规模，仍未摆脱靠天吃饭、靠天养畜的局面。这些问题加剧了该地区农牧民增收的困难度。

针对青海省内生态环境问题日益加剧的因素在学界主要有三类：一是自然因素，王谋等（2004）认为，全球气候变化直接影响着青藏高原气候暖化趋势，从而引起该区域植被退化与生物总量下降，这成为该区域生态环境修复能力和牧业经济发展的负面影响因素；二是人为因素，索南多杰（2016）在研究农牧民村落期间，也提到通过退牧还草、移民搬迁、休牧和轮牧等方式进行生态建设与环境保护，可见人为因素在三江源生态环境保护中也是不容忽视的消极因素；三是综合因素，崔冀娜、王健、张晓慧（2019）发现，青海省所在的三江源受气候变化与过度放牧等多重因素影响而引起各类生态环境问题。

3.1.2 社会发展状况

（1）人口

截至2021年末，青海全省常住人口为594.00万人，城镇常住人口为362.50万人，少数民族人口为293.04万人。全年人口出生率为11.22‰，人口死亡率为6.91‰，人口自然增长率为4.31‰。全省人户分离的人口为207.07万人，其中，市辖区内人户分离人口为46.46万人；流动人口为160.60万人，其中，跨省流入人口为41.73万人，省内流动人口为118.87万人。截至2021年末，青海省各州县人口状况如下。

玉树州，全州常住总人口为42.52万人，城镇常住人口为21.52万人，乡村常住人口为21.00万人，全州共有126778个家庭户、3245个集体户，家庭户常住人口为405862人，集体户常住人口为19337人。汉族人口为1.40万人，占总户籍人口的3.29%；少数民族人口为41.12万人，占比为96.71%。

果洛州，全州常住人口为21.56万人，常住人口城镇化率为35.08%，全州人口出生率为16.76‰，人口死亡率为4.84‰，人口自然增长率为11.92‰。

黄南州，全州总人口为27.85万人，少数民族人口为26.00万人，其中，藏族人口为19.10万人，蒙古族人口为3.74万人，回族人口为1.93万人；全年出生人口为4417人，出生率为15.86‰；死亡人口为1907人，死亡率为6.85‰；人口自然增长率为9.01‰。

海南州，以藏族为主的多民族聚居区，有21个民族，其中，藏族人口为30.46万人、汉族人口为9.97万人、回族人口为3.44万人、土族人口为0.35万人、撒拉族人口为0.15万人、蒙古族人口为0.31万人、其他少数民族人口为0.16万余人。全州常住人口为44.84万人，城镇常住人口为18.65万人，乡村常住人口为26.19万人，少数民族人口为34.87万人；全年人口出生率为13.40‰，人口死亡率为7.15‰，人口自然增长率为6.25‰。

海北州，全州户籍人口为29.52万人，其中，城镇户籍人口为8.17万人，占总户籍人口的比重（户籍人口城镇化率）为27.7%；乡村户籍人口为21.35万人，占比为72.3%。

海西州，全州户籍人口为40.31万人，其中，乡村户籍人口为12.17万人，比上年减少了0.27万人；城镇户籍人口为28.14万人，比上年增加了0.23万人，占全州户籍人口的比重（户籍人口城镇化率）为69.8%，比上年末提高0.65个百分点。男性人口为20.45万人，比上年减少了0.03万人；女性人口为19.86万人，比上年减少了0.01万人。全年人口出生率为7.97‰，比上年下降了3.06个千分点；人口死亡率为5.15‰，比上年下降了0.72个千分点。全年人口自然增长率为2.82‰，比上年下降了2.34个千分点。

（2）教育

截至2021年，青海全省学龄儿童入学率为99.8%，普通初级中学（以下简称“初中”）毛入学率为119.0%，九年义务教育巩固率为97.1%，高中阶段毛入学率为92.7%；全省研究生教育招生3443人，在校生8800人，毕业生1896人；普通高等教育招生3.23万人，在校生9.49

万人，毕业生 2.64 万人；中等职业教育招生 3.13 万人，在校生 8.91 万人，毕业生 2.41 万人；普通高级中学（以下简称“高中”）招生 4.57 万人，在校生 13.14 万人，毕业生 4.18 万人；初中学校招生 7.49 万人，在校生 22.22 万人，毕业生 7.60 万人；普通小学招生 8.65 万人，在校生 51.77 万人，毕业生 7.59 万人；特殊教育招生 277 人，在校生 1882 人，毕业生 478 人；幼儿园在园幼儿 22.80 万人。截至 2021 年，青海省各州县教育状况如下。

玉树州，全州共有各级各类学校 264 所，共有注册在校生 119496 人。小学 83 所，在校生 55691 人；初中 12 所，九年一贯制学校 2 所，完全中学 1 所，高中 5 所，特殊教育学校 1 所，初中在校生 22352 人，高中在校生 10794 人（含异地办班生 1673 人），特殊学校在校生 64 人，职业学校 2 所，注册在校生 7042 人（含异地生 603 人）；幼儿园 158 所，在园幼儿 23553 人；全州各级各类教职数 7465 人（正式在编 4607 人），其中，专任教师 4480 人。

果洛州，全州共有各级各类学校 137 所，其中，幼儿园 66 所、小学 50 所、初中 3 所、九年一贯制学校 10 所、高中 3 所、中等职业学校（以下简称“中职”）5 所；全州在校生中，学前教育学生数 9639 人、小学 25774 人、初中 9492 人、高中 2943 人、中职 3831 人；全州共有毕业生 8413 人，其中，小学 3059 人、中学 4567 人、中职 787 人；全州共有各级各类学校教职员工 4207 人，其中，专任教师中小学 1277 人、初中 896 人、高中 333 人、中职 142 人、幼儿园 321 人；全州适龄儿童入学率为 93.62%，初中阶段入学率为 95.43%，高中阶段入学率为 82.17%，学前教育阶段入园率为 77.51%。

黄南州，全州共有各级各类学校 285 所，在校学生 66456 人；中等专业学校招生 1357 人，毕业生 699 人，在校学生 3922 人；普通中学招生 6249 人，毕业生 6164 人，在校学生 18376 人；小学招生 4997 人，毕业生 4273 人，在校学生 28481 人。全州学龄儿童净入学率为 100%；九年义务教育巩固率为 96.21%，比上年增长 0.18 个百分点。

海南州，全州共有各级各类学校402所，共有108301名在校生，其中，小学、中学分别为56所、25所，两类学校在校生数量分别为44938人、32420人。此外，还有2所特殊教育学校、318所幼儿园，分别接纳了32名学生与22685名幼儿。中职1所，学生数量为8226人。从教师队伍建设情况来看，专任教师为6221人，教职工数量为7501人。学龄儿童入学率为100%，初中阶段毛入学率为116.1%。

海北州，中职与普通高中招生数量分别为1693人、2073人，两类学校在校生数量分别为4695人、6270人，各有969名、2023名学生顺利毕业。普通小学招生数量为3896人，而特殊学校也招收了4名学生，两类学校在校生数量分别为23185人、65人，分别有3520人、21人从这两类学校毕业。在园幼儿数量为10877人；全州学龄儿童入学率为100%；九年义务教育巩固率为97.17%，高中阶段毛入学率为95.54%。

海西州，全州共有各级各类中小学79所，其中，小学、初中、高中数量分别为39所、28所、12所，还设立了1所特殊学校、2所中职，幼儿园数量达到了94所。小学在校生数量最多，达到了35661人，而在园幼儿数量为16621人，中职与特殊学校学生数量分别为7380人、65人；教职工共4431人；高中阶段教育毛入学率达到99.6%，九年义务教育巩固率为96.9%。

（3）医疗卫生

截至2019年，青海省共设立了6403家医疗卫生机构，能向社会提供4.12万张床位，其中，有215家医院，也设立了413家乡镇卫生院。另外，妇幼保健院、社区卫生服务中心、疾病预防控制中心（以下简称“疾控中心”）数量分别为52家、278家、55家，而村级卫生室数量为4473家，也设立了45家卫生监督所。在全省范围内，卫生技术人员数量达到了4.90万人，执业医师、注册护士数量分别为1.54万人、1.97万人。截至2021年，青海省各州县医疗卫生状况如下。

玉树州，全州2020年末共有卫生机构86家，其中，县级以上医院14家、乡镇卫生院50家、疾控中心7家、卫生监督所7家、采血机构1家、妇幼保健计划服务中心（以下简称“妇计中心”）7 家。

果洛州，全州共有卫生机构 78 家，其中，县级及县级以上医院 12 家，乡镇卫生院 45 家，疾控中心 7 家，卫生监督所 7 家，计划生育服务站 7 家；卫生人员 1036 人，其中，卫生技术人员 930 人，其他人员 106 人；全州有病床 1174 张，其中，县级及县级以上医院有病床 856 张。

黄南州，全州共有卫生医疗机构 467 家，其中，综合医院 4 家，民族医院 4 家，州内设立了一定数量的疾控中心、专科疾病防治院、妇幼保健服务中心、卫生监督所等，乡镇医院与村卫生室数量分别为 39 家、287 家；2020 年末实有病床数 1813 张，卫生人员 2424 人，其中，卫生技术人员 2022 人。

海南州，全州范围内共有 72 家不同等级的医疗卫生机构，州级与县级公立医院数量分别为 2 家、9 家，疾控中心、妇计中心、卫生监督所均为 6 家，州内设立了 1 家中心血站与 1 家血库，乡镇卫生院数量达到了 41 家。在各级医疗卫生机构中，病床数量共计 2879 张，达到了每千人 6. 1 张，卫生专业人员千人配比为 6. 14 人。

海北州，全州共有医疗卫生机构 315 家，床位 1720 张，设立了 9 家二级医院，床位数量共计 1736 张；乡镇与社区卫生机构数量分别为 36 家、7 家，共有 254 家村卫生室，而疾控中心、卫生监督所、妇幼计生保健院各 5 家，还拥有 54 家门诊部与诊所，该州的医疗卫生专业技术人员共计 1736 人，执业医师与护士各为 664 人、395 人。

海西州，共有社区服务中心 87 家，设立了 39 家养老服务机构，其中，敬老院有 9 家，老年人福利中心有 7 家，老年日间照料中心有 23 家；此外，儿童服务机构 1 家，社会服务床位 1437 张。其中，养老服务床位 1337 张，儿童服务床位 100 张。

（4）文体

截至 2021 年，青海省范围内的艺术表演团体数量增加至 12 个，博物馆、档案馆、文化馆数量分别达到了 24 个、54 个、46 个。电视与广播人口覆盖率都有了明显增长，均达到了 99. 1%，图书、报纸、杂志出版量分别为1461万册、7332万份、232万册。在体育事业发展方面，有等级运动员238人，其中，一级、二级运动员分别为81人、157人，在国内外各种比赛中，共有700人次参加，金牌、银牌、铜牌数量分别为25块、28块、22块。

截至2021年，青海省各州县文体状况如下。

玉树州，全州共有广播电视转播站7座，广播无线发射基站40座，有线电视用户11490户，“村村通”用户42380户，“户户通”用户51068户，电视综合人口覆盖率为96.72%，广播覆盖率为97.38%；全州共有艺术事业机构5个、图书馆6个、群众文化机构7个。

果洛州，全州共有文化事业单位18个，艺术类、文化事业类单位分别为1个、7个，设立了博物馆、业余体校、文管所，也拥有了7个群众文化单位；广播站8个，电视转播台36个，广播覆盖率为99.89%，电视覆盖率为99.89%。

黄南州，该州范围内共有19个艺术专业团体，9个民间团体，文化馆与图书馆均为5个，电视覆盖了98.47%的人口，广播电视发射站与转播站数量为54座，共有34部电视发射机功率达到了千瓦以上，有线广播电视用户7832户。

海南州，该州设立了1个艺术表演机构，图书馆类、文物类、群众文化类机构数量分别为6个、2个、6个。全年内，该州的文化活动、文化“三下乡”活动分别为120场、90场。

海北州，该州博物馆、图书馆、文化馆数量分别为7个、5个、5个，也设立了5家广播电视台，广播电视综合覆盖率为99%。该州有2123名社会体育指导员，其中，一级指导员1000人、二级指导员1123人。这些运动员参加国内外比赛200人次，有22人获得第一名，11人获得第二名，10人获得第三名。

海西州，该州设立了文化馆、图书馆，分别为8个、7个，也设立了3座博物馆，艺术表演团体13个，电视与广播覆盖率分别为99.3%、99.5%。全年内，该州出版杂志4.16万册，其中，少数民族文字杂志0.96

万册；出版报纸536万份，其中，少数民族文字报纸34万份。全年新增国家健将级运动员1人，一级运动员4人。

3.1.3 经济发展状况

（1）经济总量

截至2021年，青海省生产总值（GDP）为3346.63亿元，如果以可比价格为依据，那么与2019年相比实现了5.7%的增长率。青海省各州县经济总量状况如下。

玉树州2020年GDP为63.57亿元，与上一年度相比有了0.2%的增长，进行细致分析，三大产业增长发展情况有所不同：第一产业增长率最高，即4.6%，增加部分为39.42亿元；第三产业下降率最高，即23.4%，下降部分为4.16亿元；第二产业下降率为0.2%，下降部分为19.98亿元。

果洛州2020年GDP达到了488982万元，与上一年度相比有了2.1%的增长，进行细致分析，三大产业的增长发展情况有所不同：第一产业增长率最高，即4.3%，增加部分为97661万元；第二产业增长率处于第二位，即2.0%，增加部分为147346万元；第三产业增长率最低，即1.5%，增加部分为243975万元。人均GDP有了6.7%的增长，接近1.65万元。

黄南州在2021年实现了快速发展，如果以可比价格为依据，那么与上一年度相比实现了5.3%的增长，全州GDP为109.39亿元。进行细致分析，三大产业增长发展情况有所不同：第二产业增长率最高，即7.7%，增加部分为27.63亿元；第一产业增长率处于第二位，即5.0%，增加部分为30.27亿元；第三产业增长率最低，即4.2%，增加部分为51.49亿元。

海南州2021年实现地区GDP181.56亿元，比上年增长2.9%。对三大产业进行分析，其增长发展情况有所不同：第二产业增长率最高，即5.3%，增加部分为75.24亿元；第一产业增长率处于第二位，即4.6%，增加部分为49.20亿元；第三产业增长率下降1.3%，增加部分为57.13亿元。

海北州2021年GDP达到了95.09亿元，比上年增长0.5%。对三大产业增长情况进行细致分析：第一产业增长最快，达到了4.6%，仅增加部分为29.61亿元；第三产业增长率较低，为1.2%，增长部分为49.60亿元；第二产业增长率下降6.5%，增加值为15.87亿元。人均GDP升至32191元，比上年增长1.5%。

海西州2021年GDP同比增长4.1%，达到713.78亿元，其中，第一产业增长4.5%、第二产业增长2.8%、第三产业增长6.5%。

（2）财政收支

截至2021年，青海省范围内的一般公共预算收入有了11.4%的增长，总额达到了514.65亿元。地方与上划中央部分，分别有了10.3%与13.3%的增长，分别为328.76亿元、185.88亿元。对地方一般公共预算收入进行细致分析，税收有了10.1%的增长，总额为234.72亿元。其中，个人所得税增长率最高，即18.9%，该税种收入为9.16亿元。增值税也有了4.8%的增长，达到了99.54亿元。企业所得税与城市维护建设税都有了增长，增幅分别为15.6%、14.1%，收入分别为33.30亿元、15.93亿元。而资源税有了大幅下降，下降率为8.6%，收入为22.62亿元。从一般公共预算支出情况来看，有了4.1%的下降，达到1853.77亿元。其中，文化旅游体育与传媒、交通运输、城乡社区几项下降率比较高，均在19.0%以上，卫生健康、一般公共服务两项支出各为1.9%、0.6%。

截至2021年，青海省各州县财政收支状况如下。

玉树州，全州一般财政公共预算收入2.52亿元，其中，税收收入1.64亿元、非税收入0.88亿元；全州一般公共预算支出128.84亿元，其中，一般公共服务支出14.50亿元、教育支出18.96亿元、社会保障和就业支出23.24亿元、卫生健康支出12.14亿元、节能环保支出7.41亿元；全州金融行业拥有139.95亿元的存款余额，其中，额度最高的为住户储蓄存款，余额达到了68.22亿元，非金融企业存款7.56亿元、财政性存款22.88亿元、机关团体存款41.28亿元；各项贷款余额为64.48亿元，其中，住户贷款28.58亿元、非金融企业贷款35.90亿元。

果洛州，全州完成地方公共财政预算收入26936万元，其中，税收收入14234万元、非税收入12702万元；地方公共财政与一般公共服务支出占比最高，分别达到了957582万元、113115万元，公共安全支出36525万元、教育支出104899万元、科学技术支出3145万元、文化体育与传媒支出16051万元、社会保障和就业支出143066万元、卫生健康支出84499万元、节能环保支出49710万元、城乡社区事务支出81636万元、农林水事务支出218614万元、交通运输支出47445万元、资源勘探信息等支出1192万元、住户保障支出35862万元、债务付息支出3771万元；金融机构各项存款余额1284736万元，其中，住户存款余额372207万元；各项贷款余额387478万元，其中，住户贷款余额162428万元。

黄南州，全州地方财政公共预算收入4.74亿元，其中，税收收入2.93亿元、非税收入1.81亿元；全州共将119.62亿元资金用于地方财政预算，细致分析，支出部分额度最高的为社会保障与就业类，达到了16.04亿元，而教育部分的支出达到了13.07亿元，其次为一般公共服务类、医疗卫生类支出，分别为10.24亿元、8.60亿元。

海南州，全州地方公共财政预算收入13.70亿元，其中，税收收入9.01亿元、非税收入4.69亿元；将128.70亿元资金用于公共财政预算方面，其中，用于社会保障与就业方面的资金最高，达到了18.68亿元，用于教育方面的资金也比较高，达到了16.99亿元，用于卫生健康方面的支出为12.39亿元，而一般公共服务支出11.12亿元，节能环保支出6.95亿元，城乡社区支出5.93亿元，公共安全方面的支出为4.17亿元，科学技术支出0.31亿元。

海北州，全州地方公共财政预算收入5.41亿元，其中，税收收入累计完成3.96亿元、非税收入累计完成1.45亿元；地方公共财政预算支出93.76亿元，其中，住房保障类最高，达到49.4%，其次为医疗卫生类、教育类，分别为40.3%、18.8%，文化体育与传媒类及社会保障和就业类，增长率分别为3.1%和2.1%。

海西州，全州地方公共财政预算收入139.20亿元，全年一般公共预算支出149.49亿元，其中，社会保障和就业类最高，为26.66亿元，其次为城乡社区支出、教育支出，分别为 19.20 亿元、12.41 亿元；地方公共财政预算收入 75.90 亿元。

（3）消费

截至 2019 年，青海省在社会消费品零售方面，总额度有了 8.0%的同比增长，达到了 947.84 亿元。从规模来看，限额以上单位零售额有了 2.3%的增长，达到了 354.26 亿元；而限额以下单位有了 10.0%的增长，达到了 593.58 亿元。如果以经营地为依据，则城镇与乡村消费品零售额分别达到了 771.99 亿元、175.84 亿元，增长率分别达到了 7.7%、9.4%。从消费形态方面来看，商品类、餐饮类收入分别达到了 869.79 亿元、78.05 亿元，各自有了 7.1%、20.3%的增长。在全省范围内，人均生活消费支出实现了 4.0%的增长，达到了 19020 元，其中，增长率比较高的为农村居民人均支出，达到了 9.6%，而城镇居民则为 0.8%，二者分别为 13300 元、24513 元，城镇与乡村的恩格尔系数分别为 30.1%、31.9%。

截至 2021 年，青海省各州县消费状况如下。

玉树州，社会消费品零售总额为 19.47 亿元。按消费形态划分，商品零售额 7.09 亿元、餐饮收入额 2.48 亿元。

果洛州，全州范围内社会消费品零售总额为 102069 万元，对城乡消费进行对比分析，城镇社会消费品零售额 62262.09 万元、乡村社会消费品零售额 39806.91 万元；从分行业来看，批发零售业实现消费品零售额 77597 万元、住宿餐饮业实现消费品零售额 24472 万元；居民消费价格累计同比指数为 102.6，在居民消费价格总指数构成中，食品烟酒类价格指数为 106.7、衣着类价格指数为 101.3、居住类价格指数为 99.9、生活用品及服务类价格指数为 98.3、交通和通信类价格指数为 97.7、教育文化和娱乐类价格指数为 100.3、医疗保健类价格指数为 104.1、其他用品和服务类价格指数为 103.0。

黄南州，全州社会消费品零售总额 14.50 亿元，按销售单位所在地划分，城镇社会消费品零售额 12.79 亿元、乡村社会消费品零售额 1.71 亿元；按消费形态划分，商品零售额 11.45 亿元、餐饮收入 3.05 亿元。居民人均生活消费支出 11972 元，其中，人均食品烟酒类支出 4256 元、人均衣着类支出 1254 元、人均居住类支出 1866 元、人均生活用品及服务类支出 907 元、人均交通和通信类支出 1688 元、人均教育文化与娱乐类支出 820 元、人均医疗保健类支出 818 元、人均其他商品和服务类支出 363 元。在居民消费中，城镇居民明显高于农村居民，甚至可能超出一倍，分别为 18023 元、9207 元。

海南州，全州批发和零售业增加值为 3. 20 亿元，交通运输、仓储和邮政业增加值为 3. 3 亿元，住宿和餐饮业增加值为 2. 26 亿元，金融业增加值为 6. 42 亿元，房地产业增加值为 4. 79 亿元。

海北州，社会消费品零售额达到了 27. 07 亿元，按规模划分，限额以上单位达到了 2. 46 亿元、下降 1. 0%，限额以下单位达到 24. 61 亿元、下降 0. 8%；按城乡划分，城镇消费品零售额 22. 85 亿元、乡村消费品零售额 4. 22 亿元；按消费形态划分，商品批发零售额 23. 04 亿元、住宿餐饮收入 4. 03 亿元；全州全体居民人均生活消费支出 13924 元，其中，城镇常住居民人均生活消费支出 19516 元、农村常住居民人均生活消费支出 11143 元。

海西州，全州共完成 85. 66 亿元社会消费品零售额，从规模方面来看，限额以上单位零售额 38. 34 亿元，限额以下单位零售额 47. 32 亿元；从地区方面来看，城镇与乡村零售额分别为 79. 80 亿元、5. 86 亿元；以行业为标准，零售业最高，达到了 80. 85 亿元，餐饮业为 4. 81 亿元。

（4）投资

截至 2021 年，在青海全省社会固定资产投资中，有 2. 9%的下降。其中，新材料产业与新能源产业，分别同比增长 6. 2%、15. 2%；高技术制造业增长 1. 3 倍，而战略性新兴产业下降 15. 6%。对各产业增长情况进行分析，除了第三产业在投资方面实现了 0. 9%的增长以外，第一、第二产业在投资方面都有下降，降幅分别为 16. 0%、9. 0%。从各门类的投资情况来看，增长率最高的为金融业，达到了 122. 3%，其次为卫生和社会工作，达到了 31. 7%，民间类增长率为 17. 9%，而基础设施类下降 6. 6%。

截至2021年，青海省各州县投资状况如下。

玉树州，全州全社会固定资产投资同比增长5.2%；第一、第二、第三产业分别占投资完成额的2.84%、23.61%、73.55%，投资主要集中在第三产业；在库项目489个，其中，5000万元以上大项目46个，500万~5000万元项目443个；建安投资占投资完成额的89.00%。

果洛州，全州完成全社会固定资产投资464683万元，全州500万元以上项目583个。从投资规模来看，5000万元及以上项目完成投资175889万元，500万~5000万元项目完成投资288794万元；从三次产业投资来看，第一产业投资完成13205万元、第二产业投资完成152633万元、第三产业投资完成298845万元，交通运输、仓储及邮政业完成投资56732万元，水利、环境和公共设施管理业完成投资127615万元；从基础设施投资来看，全州基础设施完成投资328110万元。

黄南州，全州500万元以上固定资产投资比上年增长14.1%；第一产业投资增长27.1%、第二产业投资增长36.0%、第三产业投资增长8.5%；全州基础设施投资增长9.2%，在全社会固定资产类投资总额中，占比达到了49.12%。其中，增长率最高的是水利、环境等，达到了21.8%；其次为邮政、交通运输业和电力、热力、燃气等，分别为15.2%和2.0%。

海南州，全州全社会固定资产投资增长36.1%，其中，民间投资增长53.4%。在投资类型方面，国有及国有控股投资下降35.0%，私营个体投资增长48.9%。对三大产业情况进行细致分析，增长率最高的为第二产业，即51.7%；第三产业投资额降幅最大，即12.0%；而第一产业则有了5.1%的下降。

海北州，全州固定资产投资完成40.35亿元，从产业来看，第一产业投资2.52亿元、第二产业投资8.88亿元、第三产业投资28.95亿元。从项目投资来看，在投资总量中，5000万元以上项目下降2.4%，完成投资16.97亿元，500万~5000万元项目增长44.8%，完成投资20.07亿元；民间投资增长19.7%，完成投资8.07亿元；建筑、安装工作增长6.6%，完成投资 32.05 亿元。

海西州，在该州范围内，固定资产投资与上年度相比有了 24.0%的下降，对各产业进行分析，第三产业投资增长 15.9%，第二产业投资下降 36.1%，第一产业投资下降 33.8%。按门类划分，采矿业投资增长 25.4%，制造业投资下降 62.0%，电力、热力、燃气及水生产和供应业投资下降 52.6%。在全社会固定资产投资中，基础设施、新能源产业投资分别下降 31.4%、52.5%，而民间投资下降 16.9%，房地产开发投资下降 26.7%。

3.1.4 农牧民收入状况

截至 2021 年，青海省人均可支配收入有 7.8%的增长，达到了 25919 元。从地域方面来看，城镇居民与农村居民分别为 37745 元、13604 元，相比而言，农村居民增长率较高，达到了 10.2%，而城镇则为 6.3%。如果将农村居民人均收入确定为 1，则城乡比达到了 2.77，同比有了 0.11%的增长。

截至 2021 年，青海省各州县投资状况如下。

玉树州，全州全体居民人均可支配收入 19399 元，比上年增加 1157 元，同比增长 6.3%。其中，工资性收入 8856 元，同比增长 8.2%；经营净收入 6845 元，同比增长 6.1%；财产净收入 486 元，同比增长 8.5%；转移净收入 3212 元，同比下降 1.7%。对比城镇居民与农村居民：城镇居民人均可支配收入 37010 元，比上年增加 1848 元，同比增长 5.3%；农村居民人均可支配收入 9800 元，比上年增加 662 元，同比增长 7.2%。

果洛州，在全州范围内，居民人均收入有 6.7%的增长，达到了 16534 元。细致分析，占比最高的为工资性收入，达到了 57.75%，为 9548 元；30.80%为经营净收入，达到了 5092 元；7.71%为转移净收入，达到了 1275 元；占比较低的是财产净收入，即 3.73%，为 617 元。人均消费性支出有了 4.55%的增长，达到了 10720 元。从地域方面来看，城镇居民人均可支配收入要高于农村居民，有 5.3%的同比增长，达到了 37328 元。细致分析，占比最高的为工资性收入，即91.27%，为34069元；占比较低的为财产净收入，只有1.14%，即426元。城镇居民人均消费支出同比下降0.2%，为23631元。同一年度内，农村居民的增长率则为7.7%，即9848元。在农村居民收入中，工资收入占比为16.88%，即1662元，占比较高的是经营净收入，即56.42%，达到了5556元；财产净收入680元，占6.90%；转移净收入1950元，占19.80%。农村常住居民人均消费支出6568元，同比增长9.81%。

黄南州，全州全体居民人均可支配收入18332元，增长7.5%。在全体居民收入中，人均工资性收入9522元，增长6.2%；人均经营净收入5110元，增长4.4%；人均财产净收入673元，增长12.8%；人均转移净收入3027元，增长16.4%。全州城镇常住居民人均可支配收入35021元，增长5.4%。全州农村常住居民人均可支配收入10708元，增长7.6%。在农村居民收入中，人均工资有5.5%的增长，即3445元；增长率为3.4%的是经营净收入，即4570元；转移净收入增长率为25.3%，即2220元；其中，人均财产净收入下降了4.3%，即473元。

海南州，该州人均可支配收入增长率比较高，达到了7.1%，为21047元。在生活方面的消费支出有8.8%的增长，即14339元。从地域方面来看，城镇居民有了4.4%的增长，即34529元。增长率最高的为财产净收入，即17.6%，达到了1469元；其次为工资性收入，增长率达到了6.8%，即25574元；经营净收入有了4.4%的下降，达到了5073元。对转移净收入进行分析，其有6.3%的下降，达到了2413元。在这一年度中，农村居民收入有7.0%的增长，达到了13380元。其中，增长率最高的部分为工资性收入，达到了15.2%，即3823元；经营净收入有4.0%的增长，即6624元；转移净收入有6.8%的增长，即2284元；财产净收入出现了3.9%的下降，即649元。人均生活消费支出方面有较大增长，即10.0%，达到了12101元。

海北州，全州全体居民人均可支配收入21699元，比上年增长6.4%。全州城镇常住居民人均可支配收入35487元，增长4.6%；农村常住居民人均可支配收入 14942 元，增长 6.7%。城乡居民人均收入比（以农村居民人均收入为 1）为 2.39，比上年缩小 0.05。

海西州居民可支配收入同比增长 6.5%，即 32121 元。

3.2 青海省农牧民收入水平变化状况

为反映青海省农牧户收入的变动趋势，本书需要使用宏观数据呈现这一变化。本书所用宏观数据来自 2012—2021 年青海省统计年鉴和 2012—2021 年青海省各州的统计年鉴。另外，针对青海省农牧民收入水平的变化主要从两个方面分析：一方面是静态数据与动态数据的结合，另一方面是纵向数据与横向数据的结合。

3.2.1 农牧民收入水平变化

青海省各州县农牧民收入水平及其变化主要采用静态数据与动态数据相结合的分析方法。静态数据是对某一年份青海省农牧民人均可支配收入进行考量，而动态数据变化情况可以与国家五年国民经济规划进行对比，分别将“十二五”初和“十三五”末的年份作为农牧民收入的基期水平与报告期水平①，探究这一期间青海省农牧民收入发展变化趋势。

通过比较青海省农牧民与全省居民的人均可支配收入水平，判断青海省农牧民收入变化情况，根据 2012—2021 年《中国统计年鉴》和 2012—2021 年《青海统计年鉴》的相关数据，在进行对比后分析得出的结果，即作为青海省农牧民收入水平的高低差异，整理后的数据见表 3-2。

① 为了更准确地反映青海省农牧民收入水平及其动态发展状况，根据我国国民经济和社会发展五年规划，考虑因无法全面统计 2022 年度数据可能会影响研究结论，因此，选取“十二五”规划初期（2011 年）与“十三五”规划末期（2020 年）的数据进行对比分析，即 2011 年为收入基期水平，2020 年为收入报告期水平，从这两个五年规划分析青海省农牧民收入水平及其动态变化符合科学性与系统性。注：下文研究过程中选取数据年份均以此为准。

表 3-2　2011—2020 年青海省农牧民人均可支配收入与青海省居民人均可支配收入水平的高低差异

单位：元

年份	青海省各州县农牧民人均可支配收入	青海省居民人均可支配收入	青海省居民人均可支配收入与青海省各州县农牧民人均可支配收入差	青海省各州县农牧民人均可支配收入与青海省居民人均可支配收入比
2011	4806	10030	5224	0.48
2012	5594	11468	5874	0.49
2013	6462	12948	6486	0.50
2014	7283	14374	7091	0.51
2015	7933	15813	7880	0.50
2016	8664	17302	8638	0.50
2017	9462	19001	9539	0.50
2018	10393	20757	10364	0.50
2019	11499	22618	11119	0.51
2020	12342	24037	11695	0.51

资料来源：根据 2012—2021 年《中国统计年鉴》和 2012—2021 年《青海统计年鉴》的相关数据整理得来。

为了更加深入地比较出青海省农牧民人均可支配收入增长与全省居民人均可支配收入增长两者之间的关系，绘制图 3-1。图 3-1 直观地反映出 2011—2020 年青海省农牧民人均可支配收入与全省居民人均可支配收入两者增长的变化，从中可以清晰地看到，两者的增长趋势类似，但是青海省农牧民人均纯收入的增长幅度小于全省居民人均纯收入的增长幅度。

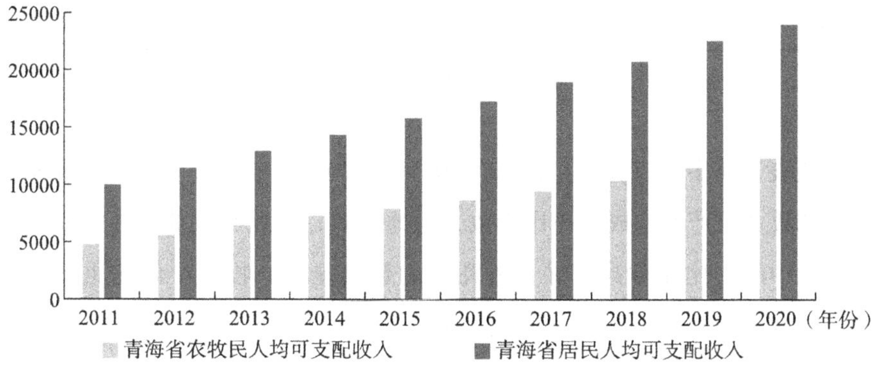

图 3-1　2011—2020 年青海省农牧民与居民人均可支配收入增长对比

从表3-3中可以看出，青海省农牧民收入有区域差别，通过对比近十年来农牧民人均可支配收入的数据，海西州排在青海省社会经济发展的首位，说明该区域的农牧民收入增长也位居前列，这体现了该区域经济发展基础比较好，交通比较便利，使农牧民的收入渠道多而宽，农牧民的人均可支配收入从2011年的6368元增长到2020年的16107元，年平均增长速度约为10%，从而使该地区农牧民人均可支配收入的增长最明显；而玉树州和果洛州的农牧民人均可支配收入全省排名较低，相比较海西州，由于玉树州和果洛州的交通相对不便、地广人稀、资源匮乏，社会经济发展明显有些落后，农牧民的收入增长速度也比较缓慢。

表3-3　2011—2020年青海省各州农牧民人均可支配收入增长状况 单位：元

年份	黄南州	果洛州	玉树州	海南州	海北州	海西州
2011	4054	3128	2943	5235	5710	6368
2012	4777	3910	3869	6125	6904	7668
2013	5546	4497	4530	7116	8032	8895
2014	6282	5094	5137	8046	9031	9971
2015	6814	5513	5564	8759	9816	10680
2016	7448	6073	6176	9574	10713	11646
2017	8157	6684	6838	10452	11689	12724
2018	8944	7808	7807	11433	12744	13882
2019	9951	9143	9138	12502	13914	15052
2020	10708	9848	9800	13380	14842	16107

资料来源：根据2012—2021年《中国统计年鉴》和2012—2021年《青海统计年鉴》的相关数据整理所得。

从表3-4中可以看出，青海在2011—2020年，按可比价格计算显示的农业和牧业总产值构成与环比指数，由此可知，农业与牧业在整个农林牧副渔业中的占比非常高，并且近几年的数据显示，牧业产值比重逐步上升，体现了农业与牧业在青海省的地位极其重要。

表3-4 2011—2020年青海省农业和牧业总产值构成与环比指数

年份	2011	2012	2013	2014	2015	2016	2017	2018	2019	2020
农业生产总值（亿元）	100	100	100	100	100	100	100	100	100	100
农业环比指数	44.58	44.38	45.29	44.03	45.42	45.90	44.60	41.69	39.89	37.19
牧业环比指数	51.70	51.95	50.89	51.65	49.60	48.91	50.26	53.21	55.20	58.20

从表3-5中可以看到，对比2020年青海省统计年鉴中关于各区域农牧业增长情况与农牧业项目固定资产投资同比增速，海南州的农牧业增加值为49.8亿元，其增速为4.6%，而农牧业项目固定资产投资同比增速却为-5.1%，可见相比较上年而言，农牧业项目固定资产投资趋于减少；果洛州的农牧业增加值为9.9亿元，其增速为4.3%，而农牧业项目固定资产投资同比增速却为-0.8%，可见果洛州农牧业增加值在青海民族地区各区域最低，在固定资产投资方面却比较稳定，果洛州地区在农牧业方面仍存在一定的增长空间。

表3-5 2020年青海省各州农牧业增长与投资情况

地区	农牧业增加值（亿元）	增速（%）	农牧业项目固定资产投资同比增速（%）
黄南州	31.1	5.0	27.1
果洛州	9.9	4.3	-0.8
玉树州	39.6	4.6	43.5
海南州	49.8	4.6	-5.1
海北州	30.1	4.6	3.9
海西州	42.0	5.0	36.1

资料来源：根据《青海统计年鉴2021》、2021年青海省各州国民经济和社会发展统计公报数据整理所得。

3.2.2 农牧民收入结构变化

青海省农牧民收入结构及其变化分析主要运用纵向结构数据与横向结构数据相结合的分析方法。通过对各年份青海省农牧民收入进行考量，从时间演变的视角来观察青海省农牧民收入结构及其变化情况。

根据个体收入的划分标准，利用普遍认同的收入类型，可分为四类：工资性收入、经营性收入、财产性收入和转移性收入等，见表3-6。关于青海省农牧民的收入，可以按照其内部结构来划分，通过以下两个方面进行分析，分别是收入渠道、收入产业。

表 3-6　2011—2020 年青海省农牧民收入结构

年份	农牧民人均可支配收入（元）	工资性收入（元）	占比（%）	经营净收入（元）	占比（%）	财产净收入（元）	占比（%）	转移净收入（元）	占比（%）
2011	4806	1368	28.5	2309	48.0	77	1.6	1052	21.9
2012	5594	1484	26.5	2379	42.5	75	1.3	1656	29.6
2013	6462	1774	27.5	2789	43.2	133	2.1	1766	27.3
2014	7282	2041	28.0	3021	41.5	288	4.0	1932	26.5
2015	7934	2235	28.2	3058	38.5	326	4.1	2315	29.2
2016	8664	2464	28.4	3197	36.9	325	3.8	2678	30.9
2017	9462	2704	28.6	3764	39.8	326	3.4	2668	28.2
2018	10393	3047	29.3	3905	37.6	463	4.5	2978	28.7
2019	11499	3617	31.5	4297	37.4	410	3.6	3175	27.6
2020	12343	4006	32.5	4885	39.6	414	3.4	3038	24.6

资料来源：根据 2012—2021 年《青海统计年鉴》数据整理得来。

（1）收入渠道分析

青海省农牧民的收入渠道，可以划分为四种类型，分别是工资方面的收入、家庭经营性方面的收入、财产性方面的收入、转移性方面的收入，这些覆盖了家庭收入渠道的各方面来源，如图 3-2 所示。

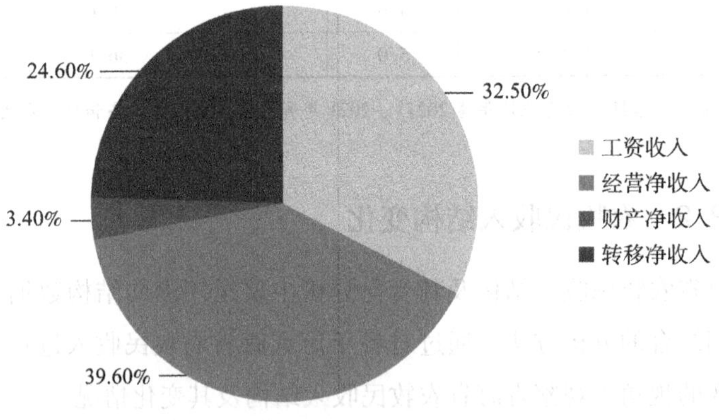

图 3-2　2020 年青海省农牧民收入渠道构成

（2）收入产业分析

对于青海省农牧民家庭，其收入的主要来源渠道是第一产业收入，即来自农牧业生产生活的收入，伴随着青海省社会经济发展的各项投资陆续跟进，国家扶贫惠农等方面的优惠政策也辐射着少数民族地区的各家各户，在很大程度上促进了农牧民脱贫致富的实现，彻底打破了传统单一生计方式带来的收入渠道狭窄问题，逐渐形成了生计多元、渠道多样的收入体系与分配机制。

表3-7 2020年青海省农牧民收入产业构成情况

农牧民人均可支配收入（元）	非生产性收入		生产性收入					
			第一产业		第二产业		第三产业	
	金额（元）	占比（%）	金额（元）	占比（%）	金额（元）	占比（%）	金额（元）	占比（%）
12342	7457	60.4	3778	30.6	26	0.2	1081	8.8

资料来源：《青海统计年鉴2021》。

从表3-7中可以看到，在2020年收入数据中，青海省农牧民从第一产业中获得的收入在全部收入比例中的占比较高，而从第二、第三产业中获得的收入在全部收入比例中的占比较低。青海省农牧民从第三产业获得的收入比从第二产业获得的收入增长速度更快，说明第三产业成为农牧民收入增加主要渠道的发展空间较大，这与各级政策提倡第一、第二、第三产业融合发展的战略思路相一致。

3.3 青海省农牧民增收的主要影响因素

3.3.1 政策因素

青海省相关政策对农牧民收入的影响是无可厚非的，最具有代表性的两类政策是补偿类政策和优惠类政策。补偿类政策是通过对青海省农牧民因生态保护影响其收入造成的外部不经济性进行补偿的政策；而各类优惠政策，尤其是针对青海省的各类惠农政策是各级政府试图通过政策干预降低农牧民生产生活成本并使其生产生活成本和产品市场价格稳定。总之，这些政策都通过各种补贴等形式，直接提高了农牧民的转移支付能力，从而增加了农牧民收入。

然而，青海省农牧民人均可支配收入的增幅在很长一段时间内远低于全国水平，这也是青海省人均可支配收入在全国一直落后的原因之一，并且越来越赶不上其他省份，尤其是经济发达地区。从近些年的数据可以发现，青海省农牧民收入的整体增幅呈现上升趋势，相比较全省居民人均可支配收入而言，也有一定的增长幅度，说明各种各样的惠农惠牧政策对农牧民创收、增收略显效果，但青海省内农牧民人均可支配收入的增幅仍低于全省城镇居民人均可支配收入的增幅。

3.3.2 产业因素

近年来，青海省第一产业占比逐年下降，第二、第三产业稳步提升，在第一、第二、第三产业的结构调整中已经有了明显效果，三大产业之间的结构比例也有了明显改善，产业结构逐渐向合理化方向演进。但是，针对青海省在第一、第二、第三产业的具体结构分布而言，第三产业的比重仍然相对太低，还需要充分挖掘该地区的资源潜力，释放该地区的资源能量，大力发展旅游等服务产业，使第三产业成为该地区经济的主要增长点。同时，青海省的农牧业科技水平本身较低，社会化服务体系并不健全。农牧业科技水平较低，主要表现为生产经营粗放，经营规模小，产品科技含量低，农牧民的素质与其收入呈正相关关系。青海省农牧民的整体素质不高，不能靠科技知识科学放牧，同时也限制了农牧民的择业门路，来自第二、第三产业的工资性收入低。另外，科技培训、职业教育长期缺失，致使农业科技对农牧业的转化和贡献率低，许多农牧业科技成果得不到有效的推广和应用，农牧业科技服务体系不健全，且技术推广体制和运行机制不适应经济发展的需要。

由此可见，青海省农牧民人均可支配收入数值虽然有一定的增长，但农牧业固有的产业特征，使其生产经营效益远低于另外两个产业，即第

二、第三产业，因此，这种增值是没有市场竞争力的。如果放在当前的市场环境中，任其自发调整结构，从而促进农牧业的大生产，这将会非常缓慢。很长一段时间以来，青海省内部的经济机构尤其单一，第二、第三产业发展不畅，这就导致很多农牧民只能依靠农业与牧业获得收入，而依靠农牧业增长的优势很有限，特别是在当下农牧业科技发展水平依然比较低，第二、第三产业发展依然萎靡的情况下，农牧民想增收就变得极其困难，获取收益的来源很单一，而现在提倡的现代化农牧业则对农牧民收入有了进一步要求。虽然多年以来，农牧民整体素质是在不断提升的，但综合素质整体而言还是偏低的，这些人群劳动水平不高、拥有的技能比较低、对新时代的发展把握不足，因此产业是农民增收能力高低的平台。

3.3.3　个体生计因素

农牧业是青海省的基础产业，一直以来，我国各级政府都十分重视农牧业的发展，先后制定了一系列促进农牧业发展的政策，农牧民作为青海省保护生态环境与实现脱贫致富的重要主体，围绕着“农牧业增效、农牧民增收”这一中心，稳定提高粮食生产能力，积极推进农牧业结构调整，加快发展畜牧业、农业产业化经营、乡镇企业、多种经营和非农产业，狠抓农牧业科技进步和创新，取得了良好的发展成效。青海省农牧民并非简单地从事农牧业的农户，还包含了少数民族群体宗教文化和生活习俗在日常生活中渗透与融入的过程，涉及农牧区经济发展、牧民生活方式激烈变革等深层问题。农牧民作为青海省农牧业发展的最小生计单位，承受着自然、市场、政策等多重生计风险。农牧民生计能够产生可持续性就会涉及当地区域的可持续发展，甚至影响着我国未来乡镇人地关系的发展与走向。当前，国内各类关于农牧民政策的实施虽然取得了一定的社会效益，还取得了一部分生态效益，许多学者对青海省经济的重要性和农牧民的生产生活做了研究，但是在积极效应的背后也存在诸多贫困隐忧，如农牧民普遍面临生活水平下降、就业难、创收无门的困境。更重要的是，由于农牧民后续生计问题得不到很好的解决，大多农牧民没有稳定工作，农牧区将会成为“贫民窟”，导致农牧区社会的不稳定，因此，农牧民个体生计是直接影响农牧民收入增长的关键因素之一。

3.4 本章小结

基于青海省农牧民收入情况的研究，本章首先从青海省自然条件、社会、经济等宏观环境着手分析，其次立足于“十二五”初与“十三五”末青海省农牧民收入的状况，从纵向和横向双视角对比分析青海省农牧民收入水平，并根据分析状况，总结青海省农牧民增收的主要影响因素。研究发现，青海省各州在自然条件、社会、经济等方面均存在差异性；青海省农牧民收入水平根据时间序列呈现增长趋势，且青海省各州农牧民收入呈现差异化的收入结构；影响青海省农牧民增收的因素来自各个方面，然而，影响农牧民增收的因素主要分为外在因素与内在感知因素。

第4章

青海省农牧民
增收的公平感知分析

上述章节已经梳理了青海省农牧民收入及其水平变化，并根据现有状况提出了青海农牧民增收的制约因素，即政策、产业、农牧民个体因素等，然而，学术界对影响农牧民增收的因素并未形成一致意见，尤其是农牧民群体的特殊性，使其有异于农民工、失地农民等群体，因而，除了以上研究发现的外在因素之外，青海农牧民的内在心理因素也不容忽视，同时，现有研究成果聚焦于农民工内在感知的研究，对农牧民公平感知各维度的分析及影响农牧民公平感知因素等方面的研究较为缺乏。因此，本章基于整合完善国内外现有的研究成果，构建青海农牧民公平感知的维度与测量指标，并进一步分析影响农牧民的公平感知因素，以此更加全面清晰地探究农牧民公平感知的整个过程。

4.1 青海省农牧民增收调研方案设计

4.1.1 调研区域

青海省位于中国西北地区中部，北部和东部是甘肃省，东南部是四川省，南部是西藏自治区，西部、西南部是新疆维吾尔自治区，是世界屋脊“青藏高原”的腹地，平均海拔4200米，属于高原大陆性气候，青海农牧地区约占青海省总面积的43%，该地区是以藏族为主，汉族、回族、土族、撒拉族、蒙古族等多民族聚集区，其中，土族和撒拉族为青海所独有。

本书实地调研覆盖整个青海农牧地区，调研区域包括黄南州、玉树州、海南州、果洛州、海北州和海西州等地。为了能够科学有效地获取青海省农牧民收入的真实状况，确保课题研究过程中数据的可获得性，课题组选取了青海省农牧区域——黄南州、果洛州、玉树州、海南州、海北州和海西州等6个农牧区域作为本书课题的研究区域，并且针对这些区域进行了实地调研。由于不同自治州区域内的自然条件、经济水平等各有不同，以下针对各州具体情况加以说明。

第一，海北州位于青海省东北部，因位于青海湖北部而得名，北部是甘肃省，东南部是海东市，海北州和海南州隔着青海湖，青海湖古称“西海”，政府驻地在黄河源头的上游，即海北州东南部、青海湖东部的海晏县西海镇。

第二，海南州位于青海省东部，因位于青海湖南部而得名，北部是海北州，东北部是海东市，政府驻地在海南州北部的共和县恰卜恰镇，海南州是青藏高原的东大门，号称“青藏咽喉”。

第三，黄南州位于青海省东部，因位于黄河南部而得名，北部和海东市隔着黄河，东部和南部是甘肃省，西部是海南州，政府驻地在黄南州北部的同仁县隆务镇。

第四，果洛州位于青海省东南部，北部是海南州，东部是黄南州和甘肃省，南部是四川省，是四川、青海、甘肃三省交界处，政府驻地在果洛州东北部的玛沁县。

第五，海西州位于青海省西部，因位于青海湖西部而得名，包括青海省西北部和西南部两个部分，主体北部是甘肃省，西部是新疆维吾尔自治区，东部是海北州、海南州，东南部是果洛州；飞地的北部和东部是玉树州，南部和西部是西藏自治区。主体地处甘肃、青海、新疆三省（自治区）交界处，政府驻地位于海西州东北部的德令哈市；海西州西北部是海西州县级市茫崖市，茫崖市位于甘肃、青海、新疆三省（自治区）交界处，是古丝绸之路必经之地，也是进甘肃省入西藏自治区必经之地，青海省的西大门；海西州西南部是县级市格尔木市，青海省西南部的海西州飞地也属于格尔木市。

第六，玉树州位于青海省西南部，北部是海西州，东部是青海省果洛州和四川省，南部和西部是西藏，西南部是格尔木市飞地，西北部是新疆，地处新疆、西藏、四川、青海四省（自治区）交界处，政府驻地在玉树州东部的玉树市。

4.1.2　调研内容

4.1.2.1　问卷设计的原则

为确保问卷能够真实有效地反映青海省农牧民收入的相关信息，本书课题的问卷在设计过程中遵循了以下科学原则。

（1）层次原则

在设计问卷时，起初的设计工作就是将整个问卷分成不同层次逐一进行设计。首先，问卷调查应写明问卷用途，承诺被调查者的私人信息不会被泄露，使被调查者愿意填写问卷；其次，由于考虑到农牧民个体差异、内在感知、增收因素等内容，将每个部分作为一个层次，按照逐层由浅入深、由外转内、由开放到隐私（如个人收入等）的设计思路，针对每个层次的内容分别设计问项，而在每个层次设计问项时，也是由以上的设计思路将问项顺序进行调整；最后，问卷中的用词要贴近生活，通俗易懂，忌生僻字词等影响被调查者对问卷题目的理解，继而影响问卷的质量。

（2）简明原则

问卷设计问项数量与单份问卷有效性是问卷有效性的基础。一方面，问卷问题要适量，不宜过多，以免对问卷准确性产生影响，问卷问题忌重复出现，也不能将同一问题翻来覆去地提问，同时，开放式与封闭式的问题要安排得当，二者相辅相成；另一方面，因调查群体、年龄等各不相同，所以在设计问卷时要尽可能避免被调查者的抵触情绪，故还体现在因地制宜，入乡随俗，问题设计要口语化、方言化、易理解化等，以准确得出调查事项的结论为目的，其语言形式可以更灵活、更贴近被调查者。

（3）科学原则

这需要体现在问与答必须有效对应。一是问卷在设计过程中，针对相应的问题选择了如李克特五级量表等科学量表形式；二是在问卷设计中用词精准，对于数据性的问题不宜使用“有时”“常常”等模棱两可的词汇，避免调查结果出现偏差；三是问题的设计不能代入个人主观看法与情感，出现诱导被调查者的情况，会影响被调查者的个人判断，是不可取也不科学的，需要以中立的态度提出问题，保证其科学性。

（4）特色原则

由于本书课题调研对象是青海农牧民群体，该群体大多数属于藏族，且有些由于生活环境长期使用藏语交流，存在语言沟通障碍，为确保问卷质量，在设计问卷过程中考虑了问卷的特色问题，在最终问卷确定后，邀请专业人士将问卷翻译成藏语版本，在调研过程中使用了两种语言版本的问卷。

4.1.2.2 调研基本内容

（1）深度访谈

本书课题立足于公平视角下青海农牧民增收问题的研究，围绕研究主题，考虑到青海农牧民的实际情况和需要研究的问题，列出一系列问题，在通过实际的访谈实践后，删除了一些问题并对一些问题做了修改。通过几次修改，我们得出正式访谈问题的大致顺序和内容，如表 4-1 所示。

表 4-1 深度访谈具体内容

序号	问题内容	备注
1	您对目前的个人收入满意吗	
2	您家庭的收入能够满足日常开支吗	继续深入访谈
3	您的收入主要来源于哪里	继续深入访谈
4	您认为什么样的因素会直接影响您个人或家庭的收入	继续深入访谈
5	您对收入相关的政策有了解吗	继续深入访谈
6	您生活的地方有没有非农牧业的工作呢	继续深入访谈
7	您对产业融合有没有了解	
8	您目前的生计方式是什么	继续深入访谈

续表

序号	问题内容	备注
9	您对公平怎么看待	继续深入访谈
10	您遇到过公平或不公平的事情吗	继续深入访谈
11	您觉得公平感是否会影响您个人或家庭的收入	继续深入访谈
12	您对今后收入增加有没有信心	

在具体访谈过程中，一些问题在不改变原来含义的前提下，会对问题的用词进行变化，一般会根据具体情况进行提问，同时，对问题进行追问，通过追问的问题继续深入访谈，目的是搞清楚青海农牧民的真实情况，这是访谈的基础，也是访谈的重点，部分入户访谈调查见图 4-1。

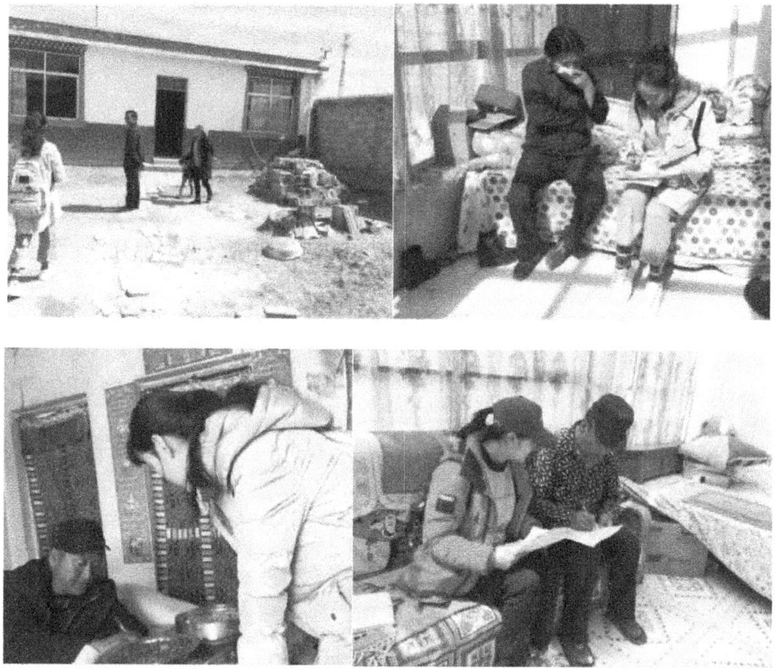

图 4-1　入户访谈调查（选取部分）

（2）大规模调研

本书的调查问卷设计主要包括两个大类：一个是村庄层面的调查问卷，另一个是农牧户层面的调查问卷。村庄调查问卷主要内容包括，样本农牧民所在村庄的基本信息、村庄经济发展情况，以及所在村庄当地产业发展情况等三个大类，其中包括政策、产业相关调研，分别见图 4-2、图 4-3；而农牧户调查问卷主要内容包括，样本农牧民个体及家庭的基本信息、农牧民公平感知状况、农牧民收入情况、影响农牧民增收因素等四个大类。

图 4-2　乡镇基层组织的政策落实相关调研（选取部分）

图 4-3　同德县省级扶贫产业园

根据实地调研期间了解到的青海农牧户家庭中存在的特殊生活习惯、民族宗教文化等因素，发现在青海农牧民群体调研过程中需要重视的几个相关问题：第一，青海农牧民群体大多数属于藏族，这直接导致农牧民语言交流与文化理念等方面的影响；第二，农牧民的调研存在一定程度的困难，这与农牧地区农牧民从事农牧业生产与居住地点有直接关系。值得注意的是，由于前文提到针对农牧民的调查研究受到客观条件的束缚，在设计调查问卷进行调研期间，将调研细节设计纳入研究的重要环节中，因此，可以对调研步骤中几个环节加以关注，一是需要注意回避带有民族话题的敏感问题，包括少数民族问题、宗教问题、信仰问题等；二是需要寻找一些既懂得藏语交流又熟悉少数民族特有生活习惯、理念观念的人员，如校内有经济学理论基础的藏族大学生、校外受过文化教育的藏族当地人员；三是为保证调研收集回的数据质量，需要对收集到的问卷反复进行核对，如有一些简单问题未回答，即刻采取补充调查的方法，通过回访等方式进行，确保提高问卷有效性的概率，部分大规模实地调查见图 4-4。

图 4-4　大规模实地调查（选取部分）

4.1.3 调研方法与程序

4.1.3.1 调研流程

（1）确定调研目标

明确本书的调研总目标，并将总目标进行分解，按照每年度划分为调研的分目标。

（2）成立调查小组

首先，选择调研人员。根据被调研对象的相关情况，选取了二十余名学生参与调研工作，并且为了避免语言沟通障碍，选取的学生以藏族学生为主。其次，召开调研小组内部会议。在每次调研之前必须通过调研团队内部会议安排协调调研中的各种事宜，还需要听取团队成员意见，做好调研安排和人员分工，并制定详细调研方案。

（3）翻译调研资料

由于本书调研对象的特殊性，访谈提纲和调研问卷（预调研、正式调研的所有问卷）全部采用中文与藏文两个版本，同时，相关资料也翻译为藏文版本，因此，在调研之前需要将有关资料进行翻译。

（4）培训调研人员

为确保调查问卷的回收率、调研数据的准确性，针对访谈与问卷的所有内容，需要为每个调研团队的成员提供专业培训，其中包括如何发放问卷、如何提问、如何解答、如何整理问卷等环节。

（5）听取多方面意见

在调研过程中不能把对象仅仅局限在农牧民身上，还要认真听取农牧地区当地有关部门关于农牧民收入情况的介绍，全方位、多角度了解，并对农牧民收入来源等数据做好详细记录，同时，在调查中要向农牧民做好相关解释工作，避免农牧民因不了解而不敢说出真实情况。

4.1.3.2 调研方法与程序

本书课题选用的调研方法主要是抽样调查法，具体采用了分层抽样、简单随机抽样、判断抽样相结合的方式。一方面，由于考虑到实地调研需要深入农牧民生活的地区、农牧民家中进行调研，因此先采用分层抽样法，在各州府所在地、县、乡逐级进行资料收集整理、农牧民调研的工作；另一方面，由于考虑到青海农牧地区的特殊性，存在各区域经济发展水平、灾后重建、民族文化、农牧民放牧或采集虫草等生计方式的季节性等原因，因此在从六个藏族自治州选取县域时，一半的县域采用了非概率抽样中的判断抽样法，另一半的县域采用了概率抽样中的随机抽样法。三个抽样方法的具体说明如下。

（1）分层抽样法

分层抽样法，也叫“类型抽样法”。在本书课题中，将青海农牧地区六个藏族自治州作为总体单位，按其属性特征分成若干个县域，这些县域作为层，然后在这些县域层级中随机抽取样本乡单位。由于分层抽样的特点是通过划类分层，增大了各类型中单位间的共同性，容易抽出具有代表性的调查样本，而青海农牧地区总体情况复杂，这体现在有些地区经济发展水平差异较大，且有些地区在调研中需要注意时间、季节等因素，因此分层抽样法更适用。

分层抽样法的具体程序如下。把总体的六个藏族自治州的每个农牧地区看作六个独立小组，在这六个独立小组中进行简单随机抽样，样本相互独立。而六个藏族自治州的每个县域按照经济发展水平加以分组，因为区域经济发展水平对农牧民增收具有显著影响，所以经济发展水平应作为划分层次的适当标准。

（2）简单随机抽样法

简单随机抽样法是一种一步抽样法，它要求在调查总体 N 中不加任何分组、划类、排队等，完全随机抽取 n 个调查单位作为样本。由于这种抽样方法按照随机的原则从调查总体中不加任何分类、排序、分组等先行工作，直接地抽取调查的农牧民样本，使得每个农牧民个体被抽到的机会完全均等，相互独立，排除了在抽样过程中各种主观因素带来的干扰，本书中，在选取农牧民进行问卷调查或入户调查时，采用了简单随机抽样法。

简单随机抽样法的具体程序如下。农牧民总体中的每个农牧民个体都有一个相等的被抽中概率。首先，确定或搜集一个调研乡，将调研乡村中的每个农牧民看作按照编号排列的抽样样本单位；其次，把所有视作具有排列编号的农牧民个体进行随机数字的抽取，将随机数字对应的农牧民个体作为样本进行调查。

(3) 判断抽样法

判断抽样法又称“立意抽样法”，是根据本书课题参与调研的调查人员的主观经验，从青海农牧地区总体样本中选择那些被判断为最能代表总体的单位做样本的抽样方法。在青海农牧地区六个藏族自治州的各个县域选择过程中，选用判断抽样法存在以下原因：第一，由于在调研开始前，咨询了四位调研经验丰富的专家，根据各位专家的意见，再结合本书课题研究的重点及研究的目标，认为具有较典型代表区域的农牧地区有必要作为调研样本的一部分；第二，青海农牧地区虽然仅在青海省范围内，总体并不覆盖全国，不属于大样本，但是青海农牧地区存在各区域之间差异大的特殊状况，因此，判断抽样法也适用于这一类总体小而内部差异大的情况；第三，由于青海农牧地区有些区域受到地理区位影响、有些地区受到农牧民放牧与采集虫草等生计的季节等因素影响，课题组调研人员的人力、物力、时间无法采集到这些地区的有效信息，因此采取判断抽样法，能够保证样本收集的有效性、科学性、系统性。

判断抽样法的具体程序如下。首先，基于相关专家、调研者对青海农牧地区的了解和经验，从六个藏族自治州的总体县域中抽选“有代表性的”“典型的”县域作为样本县，例如，从每个藏族自治州中抽选若干经济发展水平高、经济发展水平居中、经济发展水平低的县域作为样本，考察该藏族自治州的整体状况。

4.1.4 样本分布

4.1.4.1 样本选择

青海农牧地区的地理区位不仅对我国生态环境具有不可替代的作用，

而且对我国经济发展起到了至关重要的作用，同样对少数民族地区而言，这也意味着担负起了重中之重的责任。青海农牧地区历来被称为一片净土，这与自然环境的“干净”存在着直接关系，在这片净土上生长着珍稀的自然植被与丰富的野生动物，然而，全球变暖与人为放牧等主客观因素的介入，使得原本干净纯洁的一片土地受到了污染，生态环境逐步恶化，且形势越发严峻，这些都是青海农牧地区列为生态脆弱区的重要原因之一。同时，在《中国农村扶贫开发纲要（2011—2020 年）》中提到了“三区三州”的区域范畴，这个区域内均属于贫困地区，经济发展滞后与生态环境脆弱等问题同时存在，在我国脱贫攻坚战中，农牧地区是扶贫任务重且扶贫难度较大的区域。因此，以该区域进行公平视角下农牧民增收问题的研究具有一定代表性，而且，青海省六州在社会资本存量和经济发展水平等方面也有较大不同，调查区域具有一定代表性。

同时，在研究区域与样本选择方面，遵循如下依据。①课题研究需要。由于本书课题研究立足于农牧地区农牧民的增收问题，因此。样本也围绕该区域进行调研。②科学的统计分析规律。样本选择也是依据分层抽样与随机抽样的方法对调研区域进行调研。③数据全面性与可获得性。在研究过程中针对样本村农牧民个体或家庭具有收入差异特性的情况，尽可能使用深度访谈和问卷调查相结合的形式，既保证了数据的全面性，也解决了有些区域数据不可获得的困难。④根据调研经验。青海农牧民游牧生活具有冬季与夏季特色（俗称“冬窝子”和“夏窝子”），由此调整调研时间与调研区域。

4.1.4.2　样本分布

本书研究数据来源于课题组的实地调查数据，课题组先后多次深入青海农牧地区进行实地调研，即分别于 2016 年进行 3 次预调研，2017—2019 年先后多次进行正式大规模问卷调研；另外，2020 年底、2021 年初分别进行深度访谈，共补充调研 4 次。调查抽样采用分层抽样、简单随机抽样、判断抽样相结合的方式。首先，按照农牧地区六州距离青海省会西宁市的距离远近划分为玉树州、海西州、果洛州、黄南州、海北州、海南州，依次在这六州分别选取经济发展水平高、经济发展水平低的 1~2 个县域；其次，依据各县农牧业生产与经济发展情况，在每个县随机抽取 2~3 个自然乡（镇）；最后，根据各乡（镇）规模大小，在每个乡（镇）随机抽取 20 户，每户选 1 个农牧民，需要符合研究对象的年龄范围。此次调查总共抽取青海农牧地区6 州10 个县 26 个乡镇 520 个农牧民，每户农牧民家庭随机选取符合调查研究对象年龄范围的农牧民进行调研，即这部分是随机选取农牧民样本进行问卷调查。针对这 10 个样本县隶属的农牧地区样本调研统计，如表 4-2 所示。本次调查共计发放问卷 520 份，本书课题在剔除无效样本后，经过筛选无效问卷等，最终获得 461 个农牧民的有效样本信息，作为本书课题实证研究的数据支撑。

表 4-2 青海农牧地区样本调研统计

农牧地区	样本县	样本乡（镇）	调研时间
黄南州	同仁县、尖扎县	保安镇	2016 年 9 月
		牙浪乡	2017 年 8 月
		加吾乡	2017 年 8 月
		马克唐镇	2021 年 1 月
		措周乡	2018 年 7 月
		贾加乡	2018 年 7 月
玉树州	玉树市（县级市）	隆宝镇	2018 年 6 月
		巴塘乡	2018 年 6 月
海南州	兴海县、同德县	子科滩镇	2017 年 5 月
		唐乃亥乡	2017 年 5 月
		尕巴松多镇	2017 年 5 月
		河北乡	2017 年 5 月
		秀麻乡	2020 年 12 月
果洛州	玛沁县	大武乡	2017 年 4 月
		东倾沟乡	2017 年 4 月

续表

农牧地区	样本县	样本乡（镇）	调研时间
海北州	海晏县、祁连县	西海镇	2019年4月
		金滩乡	2020年12月
		青海湖乡	2016年10月
		八宝镇	2019年4月
		扎麻什乡	2019年4月
		野牛河乡	2019年4月
海西州	天峻县、都兰县	阳康乡	2017年10月
		快尔玛乡	2018年9月
		香加乡	2018年9月
		热水乡	2021年2月
		沟里乡	2018年9月

4.1.5　描述性统计分析

4.1.5.1　农牧民月均收入的群体差异分析

（1）不同性别差异的农牧民平均每月收入分析

由于农牧民的性别差异会对其选择生计方式产生一定影响，生产方式与收入也存在一定联系，因此分析男性与女性农牧民每月平均收入情况，见表4-3。

表4-3　农牧民月均收入的性别差异统计　　单位：%

月均收入	男性	女性
1000元及以下	15.3	10.8
1001～3000元	23.0	8.7
3001～5000元	15.4	2.1
5001～7000元	13.9	2.6
7001～9000元	3.0	2.4
9001元及以上	1.7	1.1

从表 4-3 中可以看出，根据性别的不同，男性与女性农牧民在每月平均收入方面有着明显差异，多数农牧民集中在 1001~3000 元，对于 1000 元及以下和 9001 元及以上的农牧民均属于较少群体，同时，相比男性农牧民，女性农牧民的每月平均收入整体偏低，这与在实际调研中的发现相符，男性农牧民比女性农牧民外出就业的比例更高。

（2）不同年龄差异的农牧民平均每月收入分析

由于农牧民的年龄差异会对其选择生计方式产生一定影响，生产方式与收入也存在一定联系，因此分析不同年龄段农牧民每月平均收入情况，见表 4-4。

表 4-4　农牧民月均收入的年龄差异统计　　单位：%

月均收入	30 岁及以下	31~40 岁	41~50 岁	51~60 岁	61 岁及以上
1000 元及以下	2.80	9.10	8.09	4.00	2.11
1001~3000 元	2.40	10.07	13.50	5.33	0.40
3001~5000 元	1.10	6.20	6.10	3.10	1.00
5001~7000 元	0.10	0.46	6.20	5.80	3.94
7001~9000 元	0.20	0.34	3.15	1.71	0
9001 元及以上	0.90	0.33	1.46	0.06	0.05

由表 4-4 数据分析可得，根据年龄的不同，农牧民每月平均收入方面也存在着明显差异，31~50 岁的年龄是农牧民收入的主要力量，且无论是哪一个年龄段的农牧民，高收入的农牧民占比较少，41~50 岁的农牧民是高收入中占比最大的一个年龄段。

（3）不同受教育程度差异的农牧民平均每月收入分析

由于农牧民的受教育程度不同会对其选择生计方式产生一定影响，生产方式与收入也存在一定联系，因此分析不同受教育程度农牧民每月平均收入情况，见表 4-5。

表4-5 农牧民月均收入的受教育程度差异统计 单位:%

月均收入	不识字或初识	小学	初中	高中或中专	大专及以上
1000元及以下	6.8	9.2	4.6	3.8	1.7
1001~3000元	7.9	13.4	5.1	3.2	2.1
3001~5000元	1.1	4.5	5.3	4.6	2.0
5001~7000元	1.2	2.3	1.1	8.5	3.4
7001~9000元	0.8	1.8	1.2	0.2	1.4
9001元及以上	0.7	0	0	0.1	2.0

由表4-5数据分析可得，在青海农牧民的教育水平已经普遍得到了提升，然而，高学历的受教育人群占比仍不高，从受教育程度与平均每月收入的交叉分析表可见，受教育程度对于农牧民收入起到重要作用，随着学历水平的提升，农牧民的收入水平也会提高，低收入人群占比下降。

（4）不同年份差异的农牧民平均每月收入分析

由于前文分析过程中发现，运用各类统计年鉴的数据，从宏观视角分析出青海省农牧民收入在不断增加，因此从微观视角分析青海农牧民每月的平均收入与年份之间的关系，见表4-6。

表4-6 农牧民月均收入的年份差异统计 单位:%

月均收入	2016年	2017年	2018年	2019年
1000元及以下	34.4	29.1	22.2	17.6
1001~3000元	28.9	28.3	35.6	42.3
3001~5000元	20.8	23.7	21.7	24.8
5001~7000元	13.7	16.2	17.4	12.2
7001~9000元	1.9	2.4	2.6	2.5
9001元及以上	0.3	0.3	0.5	0.6

从表4-6中可以看出，随着年份的递增，青海农牧民每月的平均收入呈现出增加的趋势，说明近年来国家的脱贫攻坚战在基层取得了成果，也可以看出青海农牧民的收入变化，前文根据青海省统计年鉴与青海省农牧地区的统计年鉴等宏观数据，能够看出青海省农牧民收入在不断增加的变化，而表4-6通过运用实地调研的一手微观数据分析的结果，证实了近几

年青海省农牧民收入水平变化呈现的确为递增趋势。

4.1.5.2 农牧民家庭收入满意度的群体差异分析

（1）不同性别群体差异的家庭收入满意度分析

通过对调查问卷的数据进行整理，针对农牧民对家庭收入满意度与不同性别群体之间的关系进行分析，见表4-7。

表4-7 农牧民家庭收入满意度的性别差异统计 单位：%

家庭收入满意度	男性	女性
很不满意	2.6	1.8
不满意	5.7	2.8
一般	20.1	10.5
较满意	26.1	7.9
很满意	17.8	4.7

由表4-7可以发现，男性农牧民群体对家庭的收入满意度要优于女性农牧民群体对家庭的收入满意度，而大多数女性农牧民对其家庭收入满意度呈现中立的态度，虽然在很满意的程度方面低于男性农牧民群体，但是在对家庭收入满意度的很不满意方面，同样是男性农牧民群体高于女性农牧民群体，说明在家庭收入满意度方面，相较于女性农牧民，男性农牧民更加在乎与重视。

（2）不同年龄群体差异的家庭收入满意度分析

通过对调查问卷的数据进行整理，针对农牧民对家庭收入满意度与不同年龄群体之间的关系进行分析，见表4-8。

表4-8 农牧民家庭收入满意度的年龄差异统计 单位：%

家庭收入满意度	30岁及以下	31~40岁	41~50岁	51~60岁	61岁及以上
很不满意	0.5	0.5	0.9	1.2	1.3
不满意	1.6	1.9	1.6	2.1	1.3
一般	6.3	5.4	6.8	5.7	6.4
较满意	7.0	7.1	6.9	6.8	6.2
很满意	3.2	3.3	5.1	5.2	5.7

由表 4-8 可以得出，在被调查的农牧民群体中，年龄在 40 岁以上的农牧民对家庭收入的满意度，体现在很满意与很少两个极端选项上，这说明 40 岁以上的农牧民对家庭收入有更加鲜明的观点，而 40 岁以下的农牧民更多地体现在对家庭收入较满意的层面，这说明中老年农牧民对家庭收入的内在感受更容易倾向于两种完全不同的心理感受。

（3）不同受教育程度群体差异的家庭收入满意度分析

通过对调查问卷的数据进行整理，针对农牧民对家庭收入满意度与不同受教育程度群体之间的关系进行分析，见表 4-9。

表 4-9　农牧民家庭收入满意度的受教育程度差异统计　　单位：%

家庭收入满意度	不识字或初识	小学	初中	高中或中专	大专及以上
很不满意	1.1	0.6	0.4	0.9	1.4
不满意	1.9	1.8	1.1	1.6	2.1
一般	5.8	6.1	6.9	6.2	5.6
较满意	6.5	6.0	7.3	7.2	7.0
很满意	5.3	4.5	4.7	4.0	5.0

从表 4-9 中可以发现，对家庭收入很不满意的农牧民主要集中在受教育程度低或高两个水平的农牧民当中，这说明青海农牧民无论受教育程度高或低，都对自身家庭的收入满意度有自己的标准，同时，对于家庭收入很满意的农牧民而言，受教育水平很低和很高的农牧民反而占比最高，其实这与访谈过程中收集到的信息一致，教育水平很高的农牧民对生计方式的选择更加灵活，也更了解国家脱贫攻坚、乡村振兴等相关政策的实施，这些实际上关系到农牧民的切身利益，与其收入水平的提升也有直接关系，因此，受教育水平越高的农牧民对家庭收入的增加越有信心，对目前的收入满意度越来越高。

4.1.5.3　公平感知的区域差异性与家庭差异性

（1）不同农牧区域农牧民的公平感知

通过对调查问卷的数据进行整理，针对青海农牧地区的不同区域，分析区域差异与农牧民内在公平感知的关系，见图 4-5。

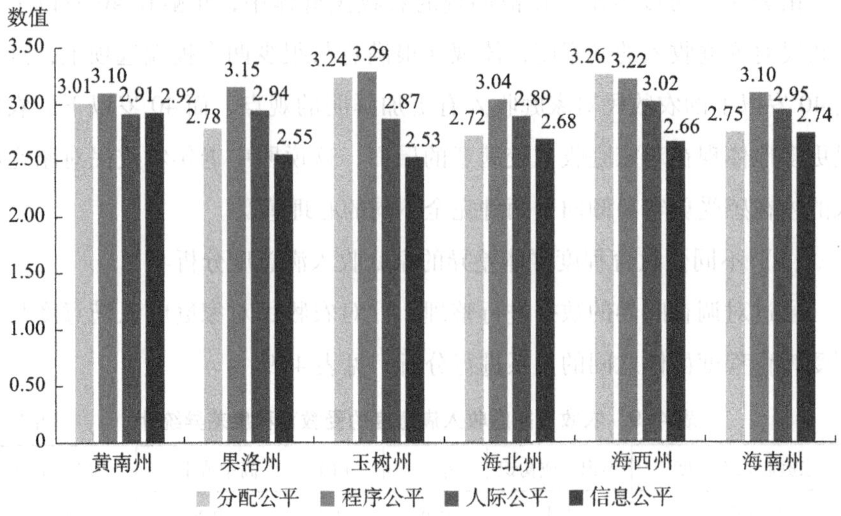

图 4-5　不同农牧区域农牧民的公平感知

在总体样本中，调查问卷中不同样本地区的农牧民内在感知水平也有所不同，在图 4-5 中将公平感知作为纵坐标，青海农牧地区的六个藏族自治州作为横坐标。研究发现，青海农牧地区的分配公平、程序公平、人际公平与信息公平存在一定程度的差异，其中，程序公平普遍较高，信息公平普遍较低，在六个藏族自治州中，玉树州与海西州的分配公平最高，玉树州的程序公平最高，海西州的人际公平最高，黄南州的信息公平最高，从各州农牧民的内在公平感知而言，出现区域差异的原因可能与当地经济发展水平、距离西宁市的远近等有关。

（2）不同家庭收入满意度农牧民的公平感知

通过对调查问卷的数据进行整理，针对农牧民对家庭收入的满意度，分析家庭收入满意度差异与农牧民内在公平感知的关系，见图 4-6。

在总体样本中，调查问卷中不同家庭收入满意度的农牧民，其内在感知水平也是具有差异的，在图 4-6 中将公平感知作为纵坐标，农牧民的家庭收入满意度作为横坐标。研究发现，对家庭收入非常满意的农牧民，其整体的内在公平感知水平也是最高的；相反，对家庭收入非常不满意的农牧民，其整体的内在公平感知水平也是最低的，这说明农牧民的收入与内在感知仍存在一定的联系。同时，针对公平感知的四个维度而言，程序公平的差异性相对并不明显，而分配公平、人际公平和信息公平均存在显著差异。

综上所述，通过对农牧民的收入与公平感知的相关变量进行描述性统计分析，发现影响农牧民收入的因素有很多，在本书课题研究中，个体层面、家庭层面或者区域层面等不同角度的变量对农牧民的收入均具有一定程度的影响。

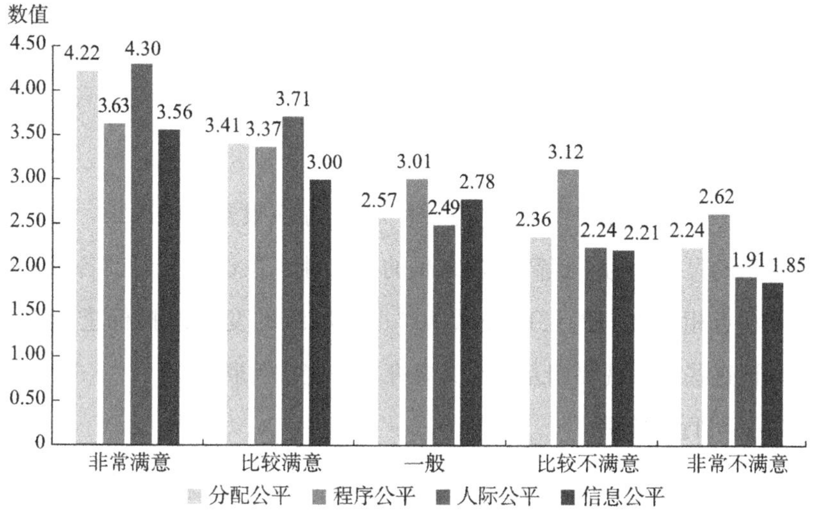

图 4-6　不同家庭收入满意度农牧民的公平感知

4.2　青海省农牧民公平感知的测量

4.2.1　测量指标

4.2.1.1　测量指标体系构建原则

为了使农牧民公平感知的测量结果更加科学、规范、可信，在构建指标体系时需要在一定程度上遵循以下原则。

（1）典型性原则

由于测量公平感知维度的影响因素有很多，需要挑选出有针对性的典型指标，因此，选取指标应该是具有重要性和代表性的测量指标。本书研究根据农牧民公平感知各维度的特点与要求选择了一些对每个公平感知维度综合影响较大的因素作为评价指标。

（2）独立性原则

由于测量每个公平感知维度的指标与指标之间并不是简单的关系，它们错综复杂地交织在一起，因此各指标难免会存在相互影响的情况，为确保测量公平感知的结果是准确的，需要保证各变量的指标互相不干扰，互相独立。

（3）层次性原则

公平感知各维度的指标在综合测评时会存在很多影响因素，这就反映出其复杂的过程，为了提高测量结果的真实性，在设置变量的各指标过程中需要注意相互之间的层次关系，对每个层级的变量或指标进行准确分解，保证这些指标既要相互独立又要存在一定的关联。

（4）可行性原则

考虑到农牧民公平感知每个维度的特点，在设置问卷和指标选取时应充分考虑数据调研的可行性，做到便于操作、简明实用和动静结合。

4.2.1.2 农牧民公平感知测量指标体系的设计

（1）“公平感知”变量选取依据

本书课题选择“公平感知”变量表征公平视角具有一定的理论依据。由于公平理论的主要内容是个体行为的积极性源于公平正义的程度，个体的内在公平感实际上是根据历史比较和社会比较得到的。历史比较主要是针对个体比较，通过目前自己对工作的贡献状态与历史上自己对工作的贡献状态进行比较，这里需要注意的是，对工作的贡献涵盖了工资报酬、各类福利、表彰奖励、晋升空间、发展机会、学习平台等。社会比较主要是针对个体对自己工作的贡献与能力，相对比组织内他人对工作的贡献与能力。在组织中，当个体感知到不公平的待遇时，就会产生一系列中庸的、积极的或消极的内心感受，譬如，通过安慰自己寻求或弥补心理不平衡的情况，或选择其他的比较标准，来唤醒自身已经获得公平的潜在意识；个体也会采取积极的行动来提升自身对工作的贡献，将不公平的内在感知通过积极行动改变；同时，也有个体会产生抱怨、自暴自弃等消极状态，直接影响其工作积极性。以上是针对公平理论的详细阐述，为了更深入研究劳动者个体的内在公平感，按照不同维度将公平类型分为四种：分配层面的公平、程序层面的公平、人际层面的公平、信息层面的公平。针对不同的公平感维度，以下做具体说明。

第一，分配层面的公平。分配层面主要是指在报酬、福利等物质方面获取的公平感，一般而言，在一个组织内部，作为劳动者的每个个体的内在公平实际上首先来源于比较工资、比较待遇、比较福利等。那么，员工通过比较自身与自己同事产生的公平感知，是基于衡量自己付出和获得的比例决定的。组织内部的劳动者个体往往会把自身的工作行为与在组织感受到的公平紧密地联系在一起，他们认为这种内在的公平感是直接导致其选择如何工作的重要因素之一。一般而言，劳动者个体如果感受到组织存在不公平，就会产生一系列的消极情绪，这些消极情绪会直接影响个体的消极态度与行为，组织的绩效也会受到干扰，劳动者只有感受到自己所在的组织在分配过程中是公平的，劳动者个体的内心才是公平的，他们才会积极投身工作，工作效率与组织绩效也会明显提升。这些都是劳动者将自身的付出与回报的比率，和他人或自己的过去相对比得来的公平感差异。亚当斯在研究过程中发现，组织的公平感主要来自员工的报酬分配产生的公平，报酬公平实质上就是员工与和自身相关的其他员工在投入产出方面进行的比较。如果员工发现自己的投入产出相同于其他同级别同事的投入产出，就会继续保持和维持现有的投入产出状态；如果员工发现自己的投入产出低于其他同级别同事的投入产出，就会减少对工作的投入，降低工作效率。相反，如果员工发现自己的投入产出高于其他同级别同事的投入产出，就会更加努力地工作，提高工作效率。因此，人们主要针对分配结果，在报酬与福利分配过程中感受到的内在感知，亚当斯将其界定为分配公平。

第二，程序层面的公平。学者在对公平理论逐步进行深入研究的过程中发现，不仅需要研究劳动者个体对分配结果产生的内在公平，还需要注意到在分配过程中产生的公平。Leventhal 等学者在研究公平感时提出了劳动者个体分配过程中存在的公平，即程序公平。程序公平的理论模型实际上是一种类似于控制的模型，不仅涉及程序的制定，还涉及程序的落实状况。程序公平的控制方面体现在以下几种类型：第一种类型是过程控制与决策控制，主要是指在解决过程中出现问题而产生的公平与做出决策时产生的公平；第二种类型是在员工受到公平待遇或管理者对员工的尊重使其获得尊重时产生的公平；第三种类型是根据不确定性管理理论，劳动者个体对组织产生的公平往往来源于其身处在不确定的环境中，这种环境的不确定性越高，劳动者个体就越会关注程序公平。

第三，人际层面的公平。人际层面感受到的公平是指劳动者个体在与他人互动的过程中感受到被关注、被重视、被尊重的程度，这是个体在人际交往过程中感受到的一种公平感，在一定程度上，能够反映出个体在沟通交流过程中的人际交往质量，以及被对待的自我认知，传达了沟通过程的具体态度。在研究组织内公平的具体表现时，发现人际公平来源于管理者对员工的尊重，与程序公平和分配公平不同的是，人际公平在预测员工对领导的反应，以及个体对环境的反应时发挥着重要作用。

第四，信息层面的公平。信息层面的公平是领导者或者管理者对某项信息传递过程中接收信息方与发送信息方的公平感知。国内学者立足于组织公平与组织绩效之间关系的研究，将组织的公平感划分为各维度，针对组织公平感如何影响组织绩效的问题进行研究，发现组织公平感在组织绩效中成了重要的影响因素之一。

（2）农牧民公平感知的测量指标体系

学术界发现公平感知本身会从不同方面影响农牧民的行为，可将“公平感知”视作一个多维度的概念。虽然已有研究对农牧民公平感知的维度与测量指标还未达成共识，但以下几类维度是较为认可的，即分配公平、程序公平、人际公平、信息公平，见表 4-10。

表 4-10　青海农牧民公平感知的测量指标框架

各维度	子维度	子指标
分配公平	就业公平	就业渠道公平性、就业稳定性
	收入公平	收入渠道公平性、收入满意度、提高收入信心
	消费公平	消费计划、消费水平
	劳动保障公平	工资保障、权益保障
程序公平	制度方面	制度落实、制度设计、制度完善性
	政策方面	关注政策、政策受益面、政策及时性
人际公平	语言沟通	语言差异、沟通障碍性
	价值理念	宗教民族文化、饮食起居、婚丧嫁娶
	身份认同	自身身份定位、定居意愿
信息公平	信息渠道	渠道的全面性、渠道的有效性、渠道的可信性
	信息获取	获取的难易程度、获取的有效性、获取的可信性
	信息有效性	信息的全面性、信息的及时性、信息的准确性

4.2.2　测量方法

基于心理学相关文献与理论基础，在本书课题中将青海农牧民的内在公平感知划分为四个维度，即分配公平、程序公平、人际公平与信息公平，在结构上并非纵向嵌套关系而是横向加总关系。每个不同的维度均从各层面影响着青海农牧民的公平感知行为。每个公平维度包括若干个子维度，每个子维度又进一步分为具体可观测的测量指标，包含主观测量指标与客观测量指标，二者在逻辑关系上并非简单加总，而是相互依存；加之各测量指标之间既存在并列的线性关系，也存在非线性关系，鉴于这种指标间关系较为复杂的情况，本书研究采用“非线性标准化方法”，以此认同各指标之间线性与非线性并存的关系，需要运用技术手段在标准赋值区间内进行处理。通过以下模型对指标进行综合合成：

$$INDEX_i = f(A_{ij} \times \omega_{ij}) \tag{4-1}$$

式（4-1）中，$INDEX_i$ 代表公平感知各维度中分配公平、程序公平、人际公平、信息公平等指标，以及子维度的相关指标；A_{ij} 与 ω_{ij} 分别代表任何一个指标及其对应的权重，任何一个指标是指各维度、子维度及测量指标。每个层级的指标均根据数学逻辑法则对应的函数 $f(x)$ 逐层级合成，最终形成农牧民社会融入的综合指数得分。

4.2.2.1 确定权重指标

多级指标综合评价过程中可以选取多种方法确定指标权重，众所周知，主观赋权法与客观赋权法是目前学术界在确定权重时常用的两大类方法。主观赋权法常见于定性研究中，通常根据专家经验给予主观判断赋值，如层次分析法、专家调查法等；而客观赋权法克服了主观因素的干扰，虽在我国的研究较晚，但得到学术界的普遍认可，主成分分析方法、变异系数方法、离差均差方法等均属于客观的确定权重方法。本书课题选择了变异系数方法，具体的表达式如下：

$$B_i = \frac{\sigma_i}{\overline{x_i}}, \quad (i=1,\ 2,\ \cdots,\ n) \tag{4-2}$$

$$\omega_i = \frac{B_i}{\sum_{i=1}^{n} B_i}, \quad (i = 1,\ 2,\ \cdots,\ n) \tag{4-3}$$

式（4-2）、式（4-3）中，B_i 代表第 i 个指标的变异系数值，σ_i 代表第 i 个指标的标准差，$\overline{x_i}$ 代表第 i 个指标的均值，ω_i 代表各指标的权重赋值。

4.2.2.2 逻辑法则的函数处理

本书研究设计的指标体系中各变量之间既存在相互并列也存在相互依存的关系，因此需要通过以下步骤进行函数处理。

第一，同一层级的指标之间如果为并列关系，则运用权重方法，通过加权方法区别不同变量对农牧民公平感知的差异化影响程度，如下式：

$$C_i = \sum_{j=1}^{n} (C_{ij} \times \omega_{ij}) \tag{4-4}$$

式（4-4）中，C 代表一级指标，i 代表二级指标，j 代表三级指标，表示一级指标各维度因素下的二级指标 i 综合得分由 n 个逻辑上互相并列的三级指标组成，通过线性加权方式实现指标的综合合成。

第二，同一层级的指标之间如果为依存关系，则运用几何平均法。如果某个变量的重要性较高，那么对该指标在原逻辑的基础上进行二次、三次的几何平均，到满足完整的逻辑关系表达为止，这样才能体现出指标的非线性影响关系。如下式：

$$C_i = \sqrt[m]{\prod_{j=1}^{m} C_{ij}} \tag{4-5}$$

式（4-5）表示一级指标下二级指标 i 的综合得分由 m 个相互依存的三级指标组成，采用几何平均方式综合二级指标的得分。

第三，同一层级的指标之间如果存在既相互并列又相互依存的逻辑关系，则通过逻辑关系的重要程度按对应顺序综合合成。如下式：

$$C_i = \sqrt{\sum_{j=1}^{n} (C_{ij} \times \omega_{ij}) \times \sqrt[m]{\prod_{j=1}^{m} C_{ij}}} \tag{4-6}$$

式（4-6）中，$1 \sim m$ 个三级指标之间是相互依存的关系；$1 \sim n$ 个三级指标之间是相互并列的关系，可采用线性加权法；而两种指标之间又是相互依存的关系，可运用非线性法综合合成二级指标数值。

非线性标准化方法在结合经典权重方法和指标非线性操作基础上，运用定量方法确定权重，以此避免传统主观赋值带来的偏差等问题，非线性方法既能够较为客观准确地测量，又具有较好的自解释性，通常运用于变量之间存在复杂的相互影响关系的情境下。另外，多重指标的综合也避免了指标数据增大，在标准的赋值区间内不断整合，最终得到较为标准统一的结论，具有完全可比较这一特点。

4.2.3 实际数据的测量

由于子指标较多，考虑便于统计与篇幅问题，按照不同子维度进行测量。具体分析结果见表4-11。

表 4-11　青海农牧民公平感知的测量

各维度	子维度	子指标	均值	标准差	最小值	最大值
		分配公平	2.96	1.14	1	5
分配公平	就业公平	就业渠道公平性、就业稳定性	2.85	1.17	1	5
	收入公平	收入渠道公平性、收入满意度、提高收入信心	3.20	1.15	1	5
	消费公平	消费计划、消费水平	2.98	1.06	1	5
	劳动保障公平	工资保障、权益保障	2.75	1.17	1	5
		程序公平	3.15	1.15	1	5
程序公平	制度方面	制度落实、制度设计、制度完善性	3.26	1.09	1	5
	政策方面	关注政策、政策受益面、政策及时性	2.98	1.23	1	5
		人际公平	2.93	1.25	1	5
人际公平	语言沟通	语言差异、沟通障碍性	2.82	1.28	1	5
	价值理念	宗教民族文化、饮食起居、婚丧嫁娶	2.73	1.52	1	5
	身份认同	自身身份定位、定居意愿	4.07	0.69	1	5
		信息公平	2.68	1.53	1	5
信息公平	信息渠道	渠道的全面性、渠道的有效性、渠道的可信性	2.44	1.52	1	5
	信息获取	获取的难易程度、获取的有效性、获取的可信性	2.62	1.66	1	5
	信息有效性	信息的全面性、信息的及时性、信息的准确性	3.00	1.35	1	5

（1）分配层面的公平

分配层面的公平程度较低，总体得分 2.96。分配层面的公平感知共分为就业公平、收入公平、消费公平与劳动保障公平四个子维度，各项子维度的融入得分大多未达到平均得分 3.00，但收入公平与消费公平的融入程度得分较高，分别为 3.20 和 2.98，而劳动保障的公平程度得分相对最低，为 2.75，这可能是因为青海农牧地区区域受到环境保护的制约，各类产业发展并不发达，使部分农牧民不得不选择新的生计方式，然而，如果想从最初的农牧业转向其他产业，在当地并非理想的就业环境下，劳动保障就会相对较弱，且这一劣势现象便显现出来了。

（2）程序层面的公平

程序层面的公平程度相对较高，总体得分 3.15。程序层面的公平感知共分为制度方面和政策方面两个子维度，其中，制度方面的公平程度得分最高，为 3.26，政策方面的公平程度得分相对较低，为 2.98，这可能是因为青海农牧地区区域绝大多数的农牧民一直以来都是游牧民族，从 21 世纪初开始实施各类农牧民政策，目前，青海农牧地区陆续有农牧民选择新型生计方式，他们比较满意与其生活息息相关的各项制度，但自他们搬迁到城镇生活，还是需要很长一段时间才能提高整体的教育与文化水平，才能更深入地了解各级政府的政策含义，因此，政策方面的公平得分并不高。

（3）人际层面的公平

人际层面的公平程度也较低，总体得分 2.93。人际层面的公平感知共分为语言沟通、价值理念、身份认同三个子维度，各项子维度的公平得分存在较大差异，其中，身份认同的得分最高，为 4.07，而价值理念的公平程度得分相对最低，为 2.73，值得注意的是，身份认同以自身身份定位与定居意愿评价指标为主，说明农牧民这一群体已经较关注自身身份问题。另外，语言沟通与价值理念公平程度得分较低的原因可能是：一方面由于大多数青海农牧民是以藏族为主的少数民族，藏语还分为几种方言，如康巴、安多等，青海农牧地区境内不同地域的藏族方言不同，因此农牧民搬迁后定居在城镇生活，不仅面临着需要克服藏汉语言的问题，还受到藏语方言不同的限制；另一方面由于大多藏族农牧民宗教文化、民族信仰等，使其有异于城镇居民的饮食习惯、生活习惯等，这就使其在价值理念的公平程度受到限制。

（4）信息层面的公平

信息层面的公平程度也不高，总体得分 2.68。信息层面的公平感知共分为信息渠道、信息获取、信息有效性三个子维度，其中，信息有效性的公平程度得分相对最高，为3.00，信息渠道、信息获取的公平程度得分分别是2.44与2.62，这与实际调研相符，在调研中发现很多农牧民对外界信息的全面性、及时性、准确性都是比较满意的，但是由于主观与客观等因素，农牧民对信息的渠道与获取方式并不是很满意，由此不难理解这也会影响到农牧民对信息渠道与信息获取的公平感。

(5) 整体测量结果

基于“农牧民公平感知测量指标体系”对青海农牧民公平感知进行实证测量，发现青海农牧民的公平感知度并不是很理想。首先，信息层面的公平程度最低，这需要时间积累提高农牧民整体文化素质，才能使农牧民对信息的渠道与获取掌握得更加熟练；其次，分配层面与人际层面的公平程度也都较低，分配层面主要集中在就业公平与劳动保障公平方面，人际层面主要集中在语言沟通与价值理念方面；最后，程序层面的公平程度虽然高于均值水平，但还需要在政策方面加强提升，相对较为理想。

通过运用本书研究提出的理论思路与测量方法对青海农牧民公平感知进行测量，结果表明：虽然国家一直在关注农牧民及其生计等情况，在生态脆弱和贫困现象凸显的青海，农牧民是具有代表性的，但在主客观等多因素影响下，其农牧民公平感知的整体状况并不佳，反映出我国整体上农牧民公平感知水平有待提升。若该测量方法应用于全国其他地区的农牧民内在感知研究中，则将有助于全面深入地评价与把握农牧民这一重要群体的公平感知状况。

4.3 本章小结

本章基于以往的研究成果，构建了农牧民公平感知的测量指标体系，采用非线性标准化方法测度了公平感知及其各维度的指数，并针对农牧民公平感知各维度的特征进行了分析。为进一步深入研究公平感知各维度的基本情况，本章还选取了表征指标分别对分配公平、程序公平、人际公平与信息公平等不同公平维度进行测度，并从每个维度探究青海农牧民公平感知及其各维度的具体情况。主要研究结论如下：①构建了较为科学、完善、系统的公平感知测量指标体系；②青海农牧地区受访农牧民的公平感知处于中等水平。

第5章

公平视角下青海省农牧民增收的影响因素

前文对青海省农牧民收入变化与公平感知进行了分析，并探寻了影响农牧地区农牧民增收的主要因素。本部分将对惠农惠牧政策、农牧地区产业融合、农牧民生计三个层次逐一展开研究，将外力与内力相结合，分别探讨外在因素和内在因素如何共同作用于青海农牧民增收。下文在选用变量过程中需要明确的是，根据第 3 章青海省农牧民收入水平变化的研究，对比“十二五”初与“十三五”末青海省农牧民收入变化情况，发现青海省农牧民收入呈现不同程度的增加，故本章将农牧民增收指标用最近一年的农牧民每月平均纯收入来表征。

5.1 公平视角下青海省农牧民增收的惠农惠牧政策分析

惠农惠牧政策是指政府为了支持农业与牧业的发展、提高农牧民的经济收入和生活水平、推动农牧区的可持续发展，而对农牧业、农牧民和农牧区给予的政策倾斜与优惠。全面贯彻落实各类惠农惠牧政策，切实维护农牧民利益。

5.1.1 惠农惠牧政策背景与现状

5.1.1.1 青海省颁布并实施影响农牧民收入的惠农惠牧政策

基于青海省农牧民收入相关政策的分析，收集、梳理与整理的惠农惠牧政策具体如下。

（1）农牧业的补贴政策

青海省农牧地区农牧业补贴政策主要包括农业支持保护补贴、农机购置补贴、草原生态保护补助奖励机制、退耕还林（草）粮食补助政策等。下面分别加以分析。

农业支持保护补贴。根据青海省财政厅、农牧厅《关于印发青海省调整完善农业三项补贴政策实施方案的通知》等文件精神，从 2016 年开始将种粮农民直接补贴、农作物良种补贴和农资综合补贴合并为“农业支持保护补贴”。该政策针对的补贴对象原则上为拥有耕地承包权的种地农民，补贴资金通过“一卡（折）通”等形式直接兑现到户。种植户执行统一补贴标准，补贴标准为 100 元/（亩·年）。此外，根据“八不补、一限定”的排除法调查确认补贴面积，“八不补”即对已作为畜牧养殖场使用的耕地不补、林果苗木用地不补、成片粮田转为设施农业用地的不补、非农业征（占）用耕地等已改变用途的不补、人工草地不补、长年撂荒地不补、退耕还林地不补、占补平衡中“补”的面积和质量达不到粮油作物种植条件的耕地不补。

农机购置补贴。农机购置补贴是指中央财政和地方财政为农民与农业生产经营组织购买国家支持推广的先进适用的农业机械给予的补贴。根据农业生产实际需要和补贴资金规模，确定了农机购置的种类包括耕整地机械、种植施肥机械、田间管理机械、收获机械、收获后处理机械、农产品可加工机械、排灌机械等 15 大类 34 小类 108 个品目，实行补贴范围内机具敞开补贴、应补尽补。首先，补贴对象为直接从事农业生产的个人和农业生产经营组织。农业生产经营组织既包括农民合作社、家庭农场，也包括直接从事农业生产的农业企业等，在申请补贴对象较多而补贴资金不足时，要优先考虑农民合作社、家庭农场，而后考虑农业企业，要按照公平、公正、公开的原则确定，此外，对每类补贴对象年度内享受补贴购置农机具的台（套）数或享受补贴资金总额应设置上限。其次，补贴机具产品资质必须符合一定要求，即补贴机具产品须是中华人民共和国境内生产，并且已经获得部级或省级有效推广鉴定证书的产品。补贴机具产品须在明显位置固定标有生产企业、产品名称和型号、出厂编号、生产日期、执行标准等信息的永久性标牌。最后，补贴标准按照中央财政农机购置补贴资金实行定额补贴，即同一种类、同一档次农业机械原则上在省域内实行统一的补贴标准，不允许对省内外企业生产的同类产品实行差别对待。各地补贴标准按照不超过省内市场平均价格30%的比例，单机补贴额原则上最高不超过5万元，对谷物联合收割机、大于18马力小于25马力的非皮带传动小四轮拖拉机、微耕机、马铃薯种植收获机具、免耕播种机具、深松机实行省级资金叠加补贴，补贴比例为30%~60%。自2014年起，青海全省实行“全价购机、定额补贴、县级结算、直补到卡”的结算方式，由农民和农业生产经营组织向当地农机站提出购置申请，在申请通过后，县级财政部门发放补贴。

草原生态保护补助奖励机制。根据《青海省人民政府办公厅关于印发青海省草原生态保护补助奖励机制实施意见（试行）的通知》（青政办〔2011〕229号）相关内容，草原生态保护补助奖励机制，是通过落实5年为一个周期的补奖机制政策，从2011年开始，在草原牧区全面推行禁牧、休牧、轮牧和草畜平衡制度，使草原超载过牧状况得到控制，生态总体恶化趋势得到基本遏制，草原综合生产能力明显提高，畜牧业发展方式加快转变，牧区可持续发展能力稳步增强，牧民收入水平不断提高，基本实现生态良好、生产发展、人与自然和谐相处。草原生态保护补助奖励机制包括五个方面的内容，即禁牧补助、草原平衡奖励补助、牧民生产资料综合补贴、牧草良种补贴、畜牧良种补贴等，其中，禁牧补助、草原平衡奖励补助、牧民生产资料综合补贴发放现金，直接支付到牧民惠农卡（折）中；牧草良种补贴按照项目实施，向牧民或者牧民合作社组织发放草籽；畜牧良种补贴由省农牧厅实施，发放实物公畜良种。

退耕还林（草）粮食补助政策。退耕还林工程建设包括两个方面的内容，即坡耕地退耕还林和宜林荒山荒地造林。该政策在实施过程中具体体现在以下三个方面：一是国家向退耕户无偿提供粮食补助，补助标准为每退1亩耕地，每年补助粮食（原粮）100千克，对退耕户发放粮食，补助粮食的经费按1.4元/千克折算；二是国家给退耕户生活补助20元/（亩·年）；三是种苗费平均一次性补助50元/亩。

（2）农村公共产品供给政策

青海农牧地区农村公共产品供给政策主要包括新型职业农牧民培育政策、农牧民合作社和家庭农场能力建设政策、农业生产社会化服务政策、基层农技推广体系改革与建设等。

新型职业农牧民培育政策。全面建立职业农牧民制度，将新型农牧业经营主体带头人、现代青年农牧场主、农牧业职业经理人、农牧业社会化服务骨干和农牧业产业扶贫对象作为重点培育对象，以提升生产技能和经营管理水平为主要内容，全省共计培训新型职业农牧民100万人次，鼓励通过政府购买服务的方式，支持有能力的农牧民合作社、专业技术协会、农牧业龙头企业等主体承担培训工作。

农牧民合作社和家庭农场能力建设政策。以制度健全、管理规范、带动力强的国家农牧民合作社示范社、农牧民合作社联合社和示范家庭农场为扶持对象，支持发展绿色农牧业、生态农牧业，提高标准化生产、农畜产品加工、市场营销能力。

农业生产社会化服务政策。农村集体经济组织、专业化农牧业服务组织、服务型农牧民合作社等具有一定能力且可提供有效稳定服务的主体，针对粮食等主导产业和农牧民急需的关键环节，为从事粮棉油糖等重要农产品生产的主体提供社会化服务，集中连片推广绿色、生态、高效、现代化农牧业生产方式，实现小农户和现代农牧业发展有机衔接。

基层农技推广体系改革与建设。支持实施意愿较高、完成任务好的农牧业县推进农机推广体系改革创新，探索公益性与经营性农机推广融合发展机制，允许农技人员开展技术转让、技术咨询等形式的增值服务，并合理取酬。

（3）耕地保护政策

耕地保护政策主要包括耕地力保护补贴和耕地保护与质量提升两个方面的政策。其中，耕地力保护补贴对象原则上为拥有耕地承包权的种地农民，补贴资金通过“一卡（折）通”等形式直接兑换到户；耕地保护与质量提升项目需要选择重点地区重点县，分区域、分作物组装推广一批耕地质量建设和化肥减量增效技术模式，依托新型农业经营主体开展土壤培肥改良和科学施肥等服务。

（4）农村金融政策

农村金融政策主要有农牧业信贷体系建设政策、农牧业保险保费补贴政策等。

农牧业信贷体系建设政策。在健全全国农牧业信贷担保体系的基础上，积极推进省级信贷担保机构向市县延伸，实现实质性运营。重点服务种养大户、家庭农牧场、农牧民合作社等新型经营主体，以及农牧业社会化服务组织和农牧业小微企业，聚焦粮食生产，畜牧水产养殖，优势特色产业，农村新业态，农村第一、第二、第三产业融合，以及高标准农田建设，农机装备设施，绿色生产和农牧业标准化等关键环节，提供方便快捷、费用低廉的信贷担保服务。支持各地采取担保费补助、业务奖补等方式，扩大农牧业信贷担保贷款规模。

农牧业保险保费补贴政策。按照中央财政支农相关精神要求，将玉米、小麦、马铃薯、油料等农作物，能繁母猪、奶牛、牦牛、藏系羊等牲畜纳入地区财政保险保费补贴范围。按照农牧业保险"自主自愿"原则，农牧民缴纳保费比例不超过总费用的20%（具体由各地区自主确定），其余部分由各级财政按照比例承担。

（5）农村产业结构调整政策

优势特色主导产业发展。根据省级政府相关文件精神要求，支持各地区以促进产业发展和农牧民增收为目标，围绕具有区域优势、地方特色的农牧业主导产业，着力发展优势特色主导产业带和重点生产区域。启动绿色优质农畜产品示范，通过标准化绿色化生产、全程化质量监管、全产业链经营、产业融合发展，做强做优做大优势特色产业，培育打造一批有影响力的区域公用品牌、企业品牌和产品品牌，并且推广出高效、产品安全、资源节约、环境友好的现代农牧业发展模式。

农村第一、第二、第三产业融合发展。推动农村第一、第二、第三产业融合发展政策要求，深化产业改革，实施产业兴村强村行动，以镇为平台，引导带动特色优势主导产业发展，加强农畜产品产地加工、包装、营销等，延伸产业链条，提升价值链，拓展农牧业多功能性，发展休闲农牧业、智慧农牧业，支持农牧业产业化发展。

农村集体产权制度改革。农村集体产权制度是关于农村集体资产的归属、资产经营者、资产管理者、资产监督者，以及产生的收益如何分配等的一系列制度，是发展农村集体所有制经济的核心和主要内容。2017 年，青海省委办公厅、省政府办公厅联合印发了《青海省农牧区集体产权制度改革实施方案》（青办发〔2017〕25 号），确定互助、大通、门源、共和、乌兰等 5 个省定点试点县，泽库县为国家级试点县，计划 2018 年底完成改革试点工作，西宁市为国家级整市推进试点市，2019 年完成改革试点。实施农牧区集体产权制度改革的主要内容包括七个方面：第一，确认农牧区集体经济组织成员身份；第二，全面对村集体所有地包括承包到户的耕地等资源性、集体统一经营的经营性、集体统一管理的公益性等各类资产进行清产核资；第三，在集体经济清产核资的基础上，对村集体统一经营的经营性资产进行折股量化，对未承包到户的资源性资产和经营性资产确权到村集体经济组织，然后进行折股量化；第四，村集体经济组织根据发展的需要，对各类资产进行集体管理；第五，依托农村土地承包、宅基地确权、林地确权、水权等管理数据成果信息，建设州、县两级成果数据库，建成涵盖州、县、乡、村四级农牧区集体资产监督管理信息应用平台；第六，农牧区集体经济组织以股权为纽带，通过资源变资产、资金变股金、农牧民变股东，培育壮大一批特色优势产业，壮大集体经济发展；第七，依托县乡农村集体资产监管、土地经营权流转等平台，建立农牧区综合性产权流转交易平台，开展产权交易，其中，关于清产核资，2018 年 2 月，省农牧厅、财政厅等九厅局联合颁发《青海省农牧区集体资产清产核资工作方案》，全省各地成立清产核资工作机构 51 个，计划于 2019 年 6 月前完成农牧区集体资产清产核资和集体经济组织成员身份确认，2021 年全面完成改革工作。

（6）精准扶贫帮扶政策

精准扶贫帮扶政策主要包括十个扶贫专项方案，即交通、水利、电力、医疗卫生、通信、文化惠民、金融、科技、电子商务和市场体系建设、危房改造，除此之外，还包括产业、教育、就业扶贫等。例如，对产业和资产收益项目进行扶持，采取农区、牧区差别化的扶持标准扶持贫困人口，其标准为农区 5400 元/人、牧区 6400 元/人；对乡村旅游扶贫项目进行扶持，每个项目安排财政扶贫引导资金 300 万元；如建设扶贫产业园，每个项目安排财政扶贫引导资金 1500 万元，按照引入经营主体，做大做强产业，发展县域特色优势产业，促进第一、第二、第三产业融合发展；易地搬迁建设，户均建房 80 平方米，配套建设项目区水、电、路、网等基础设施和学校、卫生室等公共服务设施，对迁出区原宅基地进行复垦；“雨露计划”劳动力短期技能培训项目，对建档立卡贫困户中符合条件的劳动力，重点选择初、高中回乡青年，以及复转军人，即 18~45 岁且有一定文化基础的中青年劳动力，由县级扶贫部门结合当地贫困户培训意愿组织开展为期 3~6 个月的短期技能培训，人均补助 2000 元，涵盖民族歌舞、服装加工、旅游导游等 60 余个专业。

5.1.1.2　政策效应

从政策产生的福利效应来看，惠农惠牧政策促进农牧户增收的理论效用主要表现在三个方面：首先，惠农惠牧政策产生的福利效应（简称“惠农惠牧政策福利”）有助于提高农牧地区农牧户的转移收入，能够改善农牧地区农牧户的当期生活状况；其次，惠农惠牧政策有些具有自愿选择性，可以降低生产风险来调动农牧户的生产积极性，有助于农牧户生产要素在“纯农牧”与“非农牧”间的组合配置，实现农牧户个体的帕累托最优；最后，部分农牧地区农牧户将有机会依托惠农惠牧政策获得一个相对稳定的岗位（如生态护林员、清洁工等），从而获得相对稳定的工作机会和改善收入。

此外，惠农惠牧政策福利不仅直接提高了农牧户的转移性收入水平，从理论上来看，惠农惠牧政策福利还有助于调整农牧户的生产方式和生产要素投入，进而通过产出结果影响农牧户的收入水平。与农业方面的生产补贴不同，惠农惠牧政策福利并非严格意义上的生产补贴或者收入补贴，因此，我们可以分开讨论其在促进农牧户增产和增收过程中的理论效用。若农牧户将惠农惠牧政策福利视为收入补贴，则理性的农牧户会根据资本和劳动要素的相对价格重新优化资源配置来提高农牧业的生产效率。理论上，在农牧业收入可预期的前提下，如果农牧户有更多可退耕的土地或者可用的草场时，理性农牧户就会沿着生产扩展线扩张，从而扩大农牧业经营规模，增加农牧业产出。然而，在实际中农牧户的生产行为是否会符合理论预期，还受到诸多现实因素的影响，比如，农牧户个体特征、农牧户家庭特征、农牧户的公平感知等。这些因素也是下文研究中将进一步分析和验证的重要内容。

5.1.2 惠农惠牧政策实证检验

5.1.2.1 变量选取

本部分研究选取的变量分为以下几大类。被解释变量是农牧民月均收入，主要通过受访农牧民个人每个月的平均纯收入表征。核心解释变量主要为两类。一是惠农惠牧政策，主要通过农牧民对各级各类惠农惠牧的相关政策的参与程度进行表征，针对青海农牧地区对农牧民的优惠政策，在调研过程中，将这些政策均作为惠农惠牧政策的范畴，询问农牧民是否参与过惠农惠牧政策中的一项或多项，只要参与过一项以上的惠农惠牧政策，均属于已参与，赋值为1；而对于从来没有参与过任何一项惠农惠牧政策的农牧民，均属于未参与，赋值为0。二是公平感知，为测度公平感知需要进行主成分分析，从分配公平、程序公平、人际公平和信息公平四个维度测度农牧地区农牧民公平感知的情况。在农牧民感知公平的过程中，分配公平通过农牧民享受的各类补偿、个人收入及福利等变量对决策结果公平程度进行衡量，程序公平通过日常生活的教育、就业、医疗等变量对享受过程公平进行测度，人际公平通过人际交往环境、各组织对农牧民诉求反馈等问题的评价定义农牧民在决策过程中受到的人际对待公平程度，信息公平通过农牧民对各类信息的获取、准确、有效等过程的公平程度进行测量。为了控制变量的影响，选取个人特征与家庭特征两类变量进行分析。各变量的名称、定义、赋值等详细信息如表5-1所示。

表5-1　主要变量定义及描述性分析

类别	变量名	定义与赋值	均值
被解释变量	月均纯收入	农牧民每月平均纯收入（元）	2092.06
核心解释变量	惠农惠牧政策	是否参与惠农惠牧政策：是=1，否=0	0.72
	公平感知		
	分配公平	根据因子分析得分计算（由第4章计算获得）	2.96
	程序公平	根据因子分析得分计算（由第4章计算获得）	3.15
	人际公平	根据因子分析得分计算（由第4章计算获得）	2.93
	信息公平	根据因子分析得分计算（由第4章计算获得）	2.68
控制变量	个人特征		
	受访农牧民的性别	男=1，女=0	0.73
	受访农牧民的年龄	被访者受访时的年龄（岁）	44.24
	受访农牧民的婚姻	已婚=1，未婚=0	0.71
	家庭特征		
	家庭负担比	非劳动力人口（<15岁或>64岁）与劳动力人口（15~64岁）之比	0.74
	家庭是否有草场（或土地）	有=1，没有=0	0.71
	家庭教育状况	不识字=1，小学=2，初中=3，高中=4，大学及以上=5	3.15
	家庭健康情况	家庭成员中患有重大疾病或残疾，有=1，没有=0	0.35

5.1.2.2　模型构建

政策效应评估的本质在于比较同一样本参与和未参与某一项目的收益差，本文运用政策评价中的平均处理效应方法实证分析参与惠农惠牧政策对青海省农牧民收入的影响。将样本家庭分为实验组与对照组，其中，实验组是参与惠农惠牧政策的样本家庭，对照组是未参与的样本家庭。由于惠农惠牧政策以政府引导、自愿选择为前提，既不是随机产生的行为也不是随机分配的结果，属于自选择的结果，农牧民根据自身家庭各方面条件做出选择，因此家庭是否参与惠农惠牧政策不是外生变量，而是属于内生变量范畴。考虑到运用最小二乘法（OLS）估计参与惠农惠牧政策对农牧民收入的影响会产生自选择导致的估计偏差问题，同时，样本家庭选择参与惠农惠牧政策也会受到户主个人特征、家庭特征等方面因素的影响，而这些因素也会同样影响农牧民收入，这在分析惠农惠牧政策对农牧民收入的影响时会存在内生性问题，即参与惠农惠牧政策不仅与农牧民收入有关，也与残差项有关。因此本节运用倾向得分匹配方法（PSM）来解决农牧民参与惠农惠牧政策的自选择问题。PSM 的核心思想是根据影响参与惠农惠牧政策的可观测特征，在未参与惠农惠牧政策的农牧民样本中，挑选出最相似的样本作为对照组。假设处理变量为 $D_i=(0,\ 1)$，表示农牧民 i 是否参与惠农惠牧政策，若参与，$D=1$，反之，$D=0$。农牧民收入为 Y_i，参与惠农惠牧政策的农牧民收入为 Y_{0i}，未参与的为 Y_{1i}，探究 D_i 对 Y_i 的影响，表达式为：

$$ATT=E[Y_{1i}-Y_{0i}]=E[Y_{1i}-Y_{0i} \mid D=1]=E[Y_{1i} \mid D=1]-E[Y_{0i} \mid D=1] \tag{5-1}$$

其中，ATT 为参与惠农惠牧政策样本的平均处理效应。

5.1.2.3 实证分析

(1) 参与惠农惠牧政策的影响因素

倾向得分匹配的第一步需要估计农牧民参与惠农惠牧政策的倾向得分，根据得分进行匹配，进而分析实验组与对照组的处理效应，关键是选择匹配变量，PSM 对农牧民参与惠农惠牧政策影响因素的要求较高，即需要同时影响农牧民参与惠农惠牧政策的行为与农牧民收入，且选择的变量不会因是否参与而受到影响。在已有文献的基础上，本节选取个人特征、家庭特征、公平感知的相关变量作为匹配变量，从农牧民参与惠农惠牧政策的倾向得分估计结果来看，模型整体较显著，通过了 ROC 检验，且

Logit 回归系数与边际效应的符号均一致（见表5-2）。

表5-2　参与惠农惠牧政策倾向得分的Logit估计结果

变量	系数	标准差	边际影响
公平感知			
分配公平	0.695***	0.250	0.111***
程序公平	0.261***	0.060	0.041***
人际公平	0.128	0.128	0.020
信息公平	1.126***	0.330	0.179***
个人特征			
受访农牧民的性别	0.047	0.162	0.007
受访农牧民的年龄	0.019*	0.010	0.003*
受访农牧民的婚姻	0.285	0.383	0.045
家庭特征			
家庭负担比	-2.296***	0.580	-0.365***
家庭是否有草场（或土地）	0.424***	0.147	0.068***
家庭教育状况	0.532***	0.152	0.085***
家庭健康情况	1.114*	0.682	0.177*
常数项	2.926***	1.042	
Log likelihood	-235.369	Wald chi^2（12）	98.030
Prob>chi^2	0.000	Pseudo R^2	0.232

注：*、***分别表示通过显著性水平为10%、1%的统计检验。

如表5-2所示，在受访农牧民的公平感知中分配公平、程序公平、信息公平对参与惠农惠牧政策产生显著影响；在受访农牧民的个人特征与家庭特征中年龄、家庭负担比、家庭是否有草场（或土地）、家庭教育状况及家庭健康情况均对家庭参与惠农惠牧政策产生显著影响。针对农牧民公平感知的影响，其中，分配公平每增加1个单位，其参与政策概率增加11.1%；程序公平每增加1个单位，其参与政策概率增加4.1%；信息公平每增加1个单位，其参与政策概率增加17.9%。在受访农牧民个体特征与家庭特征的变量中，年龄每增加1岁，其参与政策概率提升0.3%；家庭负担比每增加1%，则会降低36.5%的参与率；家庭有草场（或土地）比家庭没有草场（或土地）的高出6.8%；家庭教育状况每增加1级，则会增加8.5%的参与率；相比较家庭成员健康状况不好的农牧民，家庭成员健康状况良好的农牧民参与惠农惠牧政策概率高出17.7%。

（2）惠农惠牧政策对农牧民收入的影响

接下来分析惠农惠牧政策对农牧民收入的估计，通过不同匹配方法估计惠农惠牧政策对农牧民收入的处理效应结果，见表5-3。

表5-3 对*ATT*估计结果

匹配方法	处理组	控制组	*ATT*	标准差	*t*值
K近邻匹配	299	162	-0.177	0.072	-2.47**
半径匹配	299	162	-0.331	0.046	-7.11***
核匹配	299	162	-0.222	0.060	-3.68***

注：**、***分别表示通过显著性水平为5%、1%的统计检验。

由表5-3可以看出，通过K近邻匹配、半径匹配与核匹配得到的*ATT*分别为-0.177、-0.331、-0.222，且分别在5%、1%、1%的水平上显著，由此可见，不同的匹配方法得到的平均处理效应估计值与其显著性均相似，结果表明，模型估计结果是稳定的，同时说明，对参与政策的家庭与未参与政策的家庭两个样本组在消除了可观测异质性导致的显性偏差后，参与惠农惠牧政策的农牧民收入比其他未参与政策的农牧民收入低20%左右。这可能说明农牧民收入确实有明显提升，尤其是参与惠农惠牧政策的农牧民，其生活有较大改善，而且个体与家庭各方面等有所保障，从而大大提升了农牧民收入状况。

（3）匹配结果的平衡性检验

进一步对比分析匹配前后主要匹配变量误差消减结果，见表5-4，可以看出，匹配后所有变量在处理组和控制组之间的均值偏差均有不同程度的减少，两个样本组的均值更加接近，且个体特征差异得到部分消除。

表 5-4　匹配变量平衡检验结果

匹配变量		处理组均值	控制组均值	标准误差	标准差减少	t 检验概率值
分配公平	匹配前	3.738	4.196	-61.1		-6.29***
	匹配后	3.769	3.779	-1.3	97.9	-0.16
程序公平	匹配前	3.692	4.987	-57.2%		-6.04***
	匹配后	3.692	3.725	-1.5%	97.5%	-0.20
人际公平	匹配前	3.165	2.715	41.2		4.22***
	匹配后	3.103	3.244	-12.9	68.6	-1.51
信息公平	匹配前	3.912	3.886	3.0		0.30
	匹配后	3.907	3.891	1.9	37.2	0.24
受访农牧民的性别	匹配前	0.741	0.519	47.1%		4.98***
	匹配后	0.741	0.757	-3.5%	92.6%	-0.48
受访农牧民的年龄	匹配前	43.902	40.652	23.5%		2.44**
	匹配后	43.902	43.924	-0.2%	99.3%	-0.02
受访农牧民的婚姻	匹配前	0.890	0.829	17.6%		1.88*
	匹配后	0.890	0.899	-2.6%	85.3%	-0.37
家庭负担比	匹配前	0.692	0.845	-59.8%		-5.85***
	匹配后	0.692	0.732	-15.7%	73.7%	-1.85*
家庭是否有草场（或土地）	匹配前	0.452	0.584	-41.6%		-4.74***
	匹配后	0.452	0.447	1.5%	96.5%	0.27
家庭教育状况	匹配前	0.339	0.191	44.2%		5.01***
	匹配后	0.339	0.342	-0.9%	97.9%	-0.17
家庭健康情况	匹配前	0.239	0.291	44.2		5.01***
	匹配后	0.236	0.242	-1.9	95.7	-0.33

注：*、**、***分别表示通过显著性水平为10%、5%、1%的统计检验。

经过匹配后，大部分特征变量的偏误比例均大幅度降低；同时，t 检验值表明，不能拒绝参与惠农惠牧政策的农牧民组与未参与惠农惠牧政策的农牧民组之间协变量上差异为零的原假设，即要求匹配后的两个样本组之间在每个特征变量上不应存在系统差别。由表 5-4 可知，经过匹配后，偏误绝对值降低的比例均超过 50%，最高达到了 100%，这意味着倾向得分匹配法的确能够大幅度降低参与惠农惠牧政策的农牧民组与未参与惠农惠牧政策的农牧民组之间的差异。在匹配之前，参与惠农惠牧政策的农牧民组和未参与惠农惠牧政策的农牧民组之间存在较大的偏误：受访农牧民的性别、年龄、婚姻、家庭负担比、家庭是否有草场（或土地）、家庭教育状况、家庭健康情况、公平感知等协变量，两组之间的差异在统计检验上显著异于零。因此，在匹配前两个样本组之间的特征变量是存在显著差异的，而在匹配后两个样本组的协变量差异不再显著。

另外，表5-4结果表明，虽然在匹配前两个样本组在一系列特征变量上的差异不显著，但经过匹配后，两组差异的 t 检验值的绝对值均明显变小，说明在匹配后两组之间在协变量上的差异进一步降低，由于自选择导致的估计偏误也得到改善。以上结果表明，样本经过匹配后通过平衡性检验，即两个样本组在协变量上不存在系统差异或差异很微小，基本可达到随机试验的效果。这在很大程度上消除或削弱了自选择导致的估计偏误。

5.2 公平视角下青海省农牧民增收的产业融合分析

农牧地区产业融合主要针对青海农牧地区的第一、第二、第三产业相互渗透、相互包容、协同发展的产业形态，青海农牧地区的产业融合直接影响着地区经济发展模式，且对青海农牧民的收入起到至关重要的作用。

5.2.1 产业融合背景与现状

5.2.1.1 区域产业融合背景

（1）农村产业融合背景

第一、第二、第三产业融合发展要达成的目标，难以像经济社会发展目标那样给出具体的目标值，因而更多的还是一种定性描述。国务院办公厅《关于推进农村第一、第二、第三产业融合发展的指导意见》（国办发〔2015〕93号）中对我国农村三产融合要实现的目标，做了这样的要求，即“到2020年，农村产业融合发展总体水平明显提升，产业链条完整、功能多样、业态丰富、利益联结紧密、产城融合更加协调的新格局基本形成，农业竞争力明显提高，农民收入持续增加，农村活力显著增强”。对于我国农村正处在初期成长阶段的第一、第二、第三产业融合而言，这是符合实际的目标，且这一目标体现了三个方面的要求，即三产融合的广度、深度及效果。推进第一、第二、第三产业融合发展是农业农村农民发展理念的积极更新、发展方式的重大转变、体制机制的重要创新、实施乡村振兴战略的重要内容。为推进农村三产融合健康发展，有必要遵循相应的原则。一是坚持农民主体原则。推进农村三产融合，农民是主体，要尊重农民的意愿，尊重农业各类经营主体的选择。在推进农村三产融合过程中，要强化利益联结机制，以切实保障农民能够获得产业交叉融合带来的收益回报。二是坚持粮食安全原则。推进农村三产融合，不能以影响国家粮食安全为代价。在推进三产融合的进程中，要坚持以农业为基础，严守耕地保护红线，提高农业综合生产能力，并为农村三产融合提供有力的农产品支撑条件。三是坚持因地制宜原则。推进农村三产融合，要根据各地的实际情况，延伸和完善产业链条、开发农业的多种功能、丰富和发展农村的各种业态，进而分类指导、探索、培育和发展不同地区各具特点的农村三产融合模式。四是坚持市场导向原则。推进农村三产融合，既要充分发挥市场配置资源的决定性作用，也要更好地发挥政府作用，营造良好市场环境，培育和完善融合主体，优化融合外部条件，增强融合的内在动能。五是坚持改革创新原则。推进农村三产融合，既要坚持和完善农村基本经营制度，又要积极进取，改革创新，以打破要素的瓶颈制约和体制机制障碍，进而激发农村从事三产融合各市场主体的活力。六是坚持统筹发展原则。推进农村三产融合，要不断提高相关政策统筹的协调性，统筹好与乡村振兴、城镇化的有机结合和密切配合，以此构成合力，从而形成其相互促进、相互支撑、共同发展的格局。

结合上述认识，如果将农村三产融合发展的目标放在基本实现农业农村现代化的2035年，则这一目标体现的主要内容应为：农村第一、第二、第三产业总体上基本实现融合。从广度上来看，全国围绕主要农产品构建起完善的加工产业链条，各地特色农产品拥有自己完整的加工产业链条，农产品加工转化率达到80%（达到发达国家水平），农业多种功能的经济属性基本实现转化，农业业态更加丰富；从深度上来看，构建起更加紧密的利益联结机制，尤其是构建起以股份合作制和股份制为主要形式的较为完善的产业融合利益联结机制，以稳步推进农村三产融合发展；从效果上来看，农村第一、第二、第三产业综合竞争力全面提高，农村三产融合发展成为带动农民增收的主要来源，农村三产融合带来的农村经济、文化、社会、生态文明活力全面展现。产业链条完整、功能多样、业态丰富体现的是融合的广度，利益联结紧密体现的是融合的深度，竞争力、增收、活力等体现的是融合的效果。

（2）青海省产业融合背景

在新形势下，青海农牧地区通过探索动力转换驱动发展、“接二连三”融合发展、改革创新加快发展的新路径全面助推农牧业发展。“互联网+”的快速发展，日益成为一种新的经济形态，也成了各行各业创新发展的强大动能。青海农牧地区通过重视投资、消费、出口等传统动力对农牧业农牧区发展起到重要推动作用的同时，也积极通过互联网思维和技术手段，为农牧业生产经营决策提供数据支撑和信息化服务，引导电子商务企业与农牧区邮政、快递、供销、物流等对接合作，以“互联网+”提升农牧业竞争力。

一方面，2016年，为贯彻落实中央一号文件和《国务院办公厅关于推进农村第一、第二、第三产业融合发展的指导意见》精神，国家发展改革委等七部委制定下发了《农村产业融合发展试点示范实施方案》，拟在全国范围内组织实施农村产业融合发展“百县千乡万村”试点示范工程。按照国家要求试点示范县选择标准，青海省大通回族土族自治县（以下简称“大通县”）、海晏县、河南蒙古族自治县（以下简称“河南县”）被纳入国家农村产业融合发展“百县千乡万村”试点示范工程。青海省将以国家启动实施试点示范工程为契机，充分挖掘地域特色，配合国家指导三县开展不同类型的试点工作，尽快形成可复制、可推广的模式，拓宽农村牧区居民增收渠道。一是在大通县试点示范“产城融合”发展模式，形成一批农产品加工、商贸物流、休闲旅游等专业特色小城镇；二是在海晏县试点示范“多业态复合型”发展模式，以龙头企业为主要带动主体，打造完整产业链条，增强示范带动作用；三是在河南县试点示范“产业链延伸型”发展模式，发展畜牧业规模经营，支持牧民合作社和家庭牧场发展畜产品加工与畜产品直销等。

另一方面，青海省将投入3000万元，加快农牧区物流综合服务中心建设，对接工业品下乡和农畜产品进城的通道，并引入“互联网+”，创新生产方式、经营方式和资源利用方式，扶持培育农牧区电子商务。第一、第二、第三产业融合发展是“三农”发展的方向，也是破解“三农”发展难题、补齐农业现代化短板的重大举措。青海农牧地区农牧业发展只有“接二连三”，才能发挥自身优势、克服弱势，才能真正提升附加值、提高效益。要将农畜产品加工业及休闲观光农牧业作为融合发展的重点领域，延伸农畜产品加工产业链，挖掘农耕文化资源，拓展农牧业多种功能；要将利益联结作为融合发展的关键；要将新型经营主体作为推动融合发展的生力军，让更多农牧民分享第一、第二、第三产业融合发展的成果。

5.2.1.2　产业融合模式

农牧地区产业融合通过哪些方式促进了农牧户增收？目前，已知存在的农牧地区产业融合模式包括联合发展型模式、企业带动型模式、内部延伸型模式、功能拓展型模式等。

（1）联合发展型模式

联合发展型模式主要聚集在柴达木盆地等区域。由合作社等生产经营主体，实行跨区域行业自发组合，如“社社联合”“社场联合”“社企联合”，通过产业联动、产业集聚、技术渗透，以订单生产、投资入股或契约合同等形式，将双方利益联结起来，各司其职、各负其责，使其产业链条延长，进而增强市场竞争及抗风险能力，拓宽创收增收途径。如种植、养殖的合作社联合，养殖合作社与屠宰加工企业订单联合，养殖合作社和网络营销平台对接或与餐饮店等销售主体联合，通过延长产业链条，提高产品附加值，实现大家互利互赢。联合发展型模式较为灵活、方便，既避免了单个经营主体之间的无序竞争，实现了更大规模化经营，也有利于增强市场抗风险能力和竞争力，但其利益联结方式的稳定性较差，各主体之间的利益平衡问题较难处理，背信违约等现象时有发生，此外，我国至今尚未出台一整套针对联合发展的管理办法。

（2）企业带动型模式

企业带动型模式主要集中在社会化发育程度相对较低的青南牧区。依托原生态、纯天然、无公害和绿色有机畜产品等资源优势，通过牦牛、藏羊及天然草场的有机认证，着力建设有机生态畜牧业合作社，进行牲畜的规模化集约化养殖，并由政府引入工商企业资本，组建高标准乳畜产品加工生产企业，引导养殖主体与当地乳畜产品加工企业对接，彼此签订畜产品收购协议或合同，实现订单化生产或保底价收购，实行“政府引导+企业+合作社（牧户）”的联营合作模式。企业带动型模式在社会发育程度较低的青南牧区有相对较高的实用性，既能保障“各司其职、各尽其责”，又能实现“专业的问题交由专业人员处理”的理念。由政府部门整体宏观把控，将屠宰、加工和销售等企业主体与养殖主体的利益联结起来，以抱团共赢的理念实现增收目标，但是，企业机构不同于慈善机构，企业部门在追求利润最大化的过程中与养殖主体产生的矛盾较多，例如，在牲畜集中屠宰或产乳季节，企业部门乳肉等畜产品较多，为防止产品过多积压则会“挑三拣四”或者压低市场价格收购；在市场畜产品紧缺时，企业主体又会按约定的价格收购，养殖主体的利益依旧得不到有效保障。

（3）内部延伸型模式

内部延伸型模式主要聚集在东部的海南、海北等牧区。采用现代化企业管理生产理念，组建股份制草地生态畜牧业合作社，通过整合各类生产资料，用集中力量办大事的办法，将多余的资金转投向第二、第三产业，例如，置办帐房加工厂、开设商铺、搭建畜产品直销店或体验店等，形成集饲草种植、牲畜养殖、粗略加工和产品直销于一体的运作模式。内部延伸型模式采取的原则是“自家的事情自家说了算”，通过群策群力，延长产业链条，提高畜产品增加值，但因合作社“能人”较少，社会化服务能力有限，产业扩展延伸范围较小，粗加工所占比例较大，产品同质化严重，有学者曾形象总结为“不是牛肉干就是干牛肉”。

（4）功能拓展型模式

功能拓展型模式主要聚集在环湖地区。部分草场生态畜牧业合作社创新增收途径，主动与文化体育、休闲观光、社会化服务等产业深度融合，以股份合作或订单合同的形式，将多个利益主体联结在一起，实现互利共赢。例如，环湖地区的某些旅游景点，有的合作社通过搭建帐房宾馆、餐厅等基础设施，出租或转交给专业人士经营，定期收取租金；有的合作社挑选“清一色”羊群或牛群，在景区放牧，供游客观赏、照相、品尝等；有的合作社负责人员积极与旅游公司合作，由旅游公司招揽客人，合作社招待客人，体验有民族特色的放牧情怀；有的合作社修建赛马场或射箭场等平台，吸引兴趣爱好者娱乐；有的合作社提供社会化服务，组建牦牛冻精冷配服务团等，实现多功能产业的融合。功能拓展型模式机动灵活，通过“借鸡下蛋”“筑巢引凤”等方式，与多方利益主体积极联合，灵活多样地实现第一、第二、第三产业融合，但受合作社内部理事长的文化素养与社会见识、发展资金等因素的影响较大。

不难发现，现有的农牧地区产业融合主要尝试直接将产业链延伸到农业生产端，通过龙头企业、电商平台等途径，直接与农牧户合作，缩短农畜产品销售的链条，使农牧户能够获得相应的技术指导和资金支持，进行专业化的农牧户生产，减少了农牧业生产过程中的经营成本和交易费用，从而提高了农牧地区农牧业生产的边际效益，影响农牧户家庭的收入。从农牧户收入结构来看，农牧地区产业融合能够改变农牧户家庭的收入路径，继而提高了经营性收入、工资性收入和转移性收入，成为影响农牧户收入分配的重要因素。因此，提出假设 1：参与农牧地区产业融合能够提高农牧户收入水平。

对于农牧户来说，在生产生活过程中实现内在心理的公平感受，无论选择何种形式就业，都对农牧户有信心增加收入起到积极作用。已有研究表明，从事纯农牧业或非农牧业农牧户的收入降低与其自身或家庭其他成员心理上的效用损失有一定联系。因此，对于农牧户来说，公平感知是实现家庭效用最大化的主要路径之一。农牧户资源禀赋的异质性导致不同农户公平感知水平的高低存在显著差异，使得异质性农户收入差距产生。因此，提出假设 2：提高农牧户公平感知能够提高农户收入水平。

劳动力是农牧地区产业融合最基本的要素投入，农牧地区产业融合为该地区劳动力提供了部分就业岗位，提高了农牧户工资性收入在家庭总收入中的比重。随着农牧地区劳动力公平感知水平关注的提升，劳动力的边际报酬增值，异质性农牧户公平感知的差异必然导致其在参与农村产业融合过程中产生的各种效应存在差异。因此，提出假设 3：农牧地区产业融合在农牧户收入水平方面产生一定的调节作用。

5.2.2 青海产业融合实证检验

5.2.2.1 变量选取

研究选取的因变量是农牧民家庭收入，主要用受访农牧民的家庭月平均纯收入表征，核心解释变量主要分为两个。第一个核心解释变量为农牧地区产业融合，利用农牧民在所在生活区域内参与产业融合的情况来表征，在实地调研中，根据农牧民与当地合作社或者当地企业等联系程度进行判断，询问农牧民对农牧地区产业融合的参与度，以此表示农牧民是否参与农牧地区产业融合，在实地调研中发现，该问题能够清晰地理解与识别问卷中该问项的意思，在具体问题中，将参与农牧地区产业融合的农牧民视为“参与组”，赋值为 1；没有参与农牧地区产业融合的农牧民视为“未参与组”，赋值为 0。第二个核心解释变量为公平感知，这与之前章节相同，利用分配公平、程序公平、人际公平、信息公平四个维度来表征。选取个人特征与家庭特征作为控制变量。各变量的名称、定义、赋值等详细信息如表 5-5 所示。

表 5-5　主要变量定义及描述性分析

类别	变量名	定义与赋值	均值
被解释变量	月均纯收入	农牧民月平均纯收入（元）	2092.06
核心解释变量	农牧地区产业融合	当地是否有产业融合：是=1，否=0	0.62
	公平感知		
	分配公平	根据因子分析得分计算（由第 4 章计算获得）	2.96
	程序公平	根据因子分析得分计算（由第 4 章计算获得）	3.15
	人际公平	根据因子分析得分计算（由第 4 章计算获得）	2.93
	信息公平	根据因子分析得分计算（由第 4 章计算获得）	2.68
控制变量	个人特征		
	受访农牧民的性别	男=1，女=0	0.73
	受访农牧民的年龄	被访者受访时的年龄（岁）	44.24
	受访农牧民的婚姻	已婚=1，未婚=0	0.71
	家庭特征		
	家庭负担比	非劳动力人口（<15 岁或>64 岁）与劳动力人口（15~64 岁）之比	0.74
	家庭是否有草场（或土地）	有=1，没有=0	0.71
	家庭教育状况	不识字=1，小学=2，初中=3，高中=4，大学及以上=5	3.15
	家庭健康情况	家庭成员中患有重大疾病或残疾，有=1，没有=0	0.35

5.2.2.2　模型构建

为了更全面分析农牧地区产业融合、公平感知对农牧民月均纯收入的影响，并识别公平感知对农牧地区产业融合的调节作用，该部分首先识别了未引入交互项的估计模型：

$$Y_i = \beta_0 + \beta_1 X_{1i} + \beta_2 X_{2i} + \sum n = 1\beta_3 Z_{ni} + \varepsilon_i \qquad (5-2)$$

式（5-2）中识别了两组基本模型，Y_i 表示第 i 个农牧民月均纯收入，值得注意的是，此处的农牧民月均纯收入已通过对数处理了数据。X_{1i}表示农牧民生活当地有无产业融合的响应情况，X_{2i}表示农牧民公平感知。Z_{ni}表示受访农牧民个人特征、家庭特征等一系列控制变量。β_0 表示常数项，β_1 ~ β_3 表示相应的估计系数。ε_i 表示残差项，服从正态分布。鉴于因变量属于连续变量，适于采用 Logistic 模型。

为了进一步分析农牧民在不同公平感知情况下，农牧地区产业融合对农牧民收入的偏效应，在式（5-2）的基础上，将“公平感知×农牧地区产业融合”引入模型进行估计，模型的具体设置如下：

$$Y_i = \beta_0 + \beta_1 X_{1i} + \beta_2 X_{2i} + \beta_3 X_{1i} X_{2i} + \sum n = 1 \beta_4 Z_{ni} + \varepsilon_i \qquad (5-3)$$

式（5-3）中，$X_{1i}X_{2i}$ 表示农牧民公平感知与农牧地区产业融合的交互项。模型的估计方式与式（5-21）中保持一致。

5.2.2.3 数据结果与分析

表 5-6 显示了总体样本的 4 个回归模型结果，模型 1 以控制变量作为全部的解释变量，模型 2 在模型 1 的基础上，加入了公平感知这一解释变量，模型 3 与模型 4 又分别加入了农牧地区产业融合变量、公平感知和农牧地区产业融合的交互项这一新的解释变量，从总体上来看，Hosmer & Lemeshow 检验的 p 值大于 0.1，说明在 10%的显著性水平上可以接受该模型对数据的拟合程度；同时，-2 倍对数似然值呈递减趋势，Cox & Snell R^2 和 Nagelkerke R^2 呈现递增趋势，均说明在整体上模型的拟合程度逐渐提高。下面对几个模型的估计结果进行简要分析。

表 5-6 农牧地区产业融合、公平感知对农牧民收入影响的估计结果

变量	模型 1	模型 2	模型 3	模型 4
常量	-0.692**	-0.972**	-1.141***	-1.955***
性别	0.434**	0.529**	0.661**	0.691**
年龄	0.205*	0.214*	0.242**	0.281**
婚姻	0.232*	0.291	-0.182	-0.111
家庭负担比	-0.547***	-0.576**	-0.610	-0.692
家庭是否有草场（或土地）	0.654***	0.671***	0.722***	0.797***
家庭教育状况	0.821*	0.948*	0.990*	1.127**
家庭健康情况	0.883**	0.903**	0.959**	1.023***

续表

变量	模型 1	模型 2	模型 3	模型 4
分配公平		0.642*	0.742**	0.791**
程序公平		0.896**	0.973**	1.233***
人际公平		0.766	0.953**	1.192**
信息公平		0.939*	0.975**	0.993
农牧地区产业融合			0.895***	0.981***
分配公平×农牧地区产业融合				1.469***
程序公平×农牧地区产业融合				1.335***
人际公平×农牧地区产业融合				1.157*
信息公平×农牧地区产业融合				1.314**
Hosmer & Lemeshow p 值	0.219	0.364	0.431	0.429
-2 倍对数似然值	423.011	419.846	398.559	367.198
Cox & Snell R^2	0.131	0.146	0.157	0.199
Nagelkerke R^2	0.186	0.235	0.279	0.302

注：*、**、***分别表示通过显著性水平为 10%、5%、1%的统计检验。

（1）农牧地区产业融合、公平感知对农牧民月均纯收入的独立影响

第一，模型 1 的结果表明，各控制变量在 10%、5%、1%的显著性水平上均显著。从性别来看，性别变量的系数为正，表示相对于女性而言，男性月均纯收入稍高。具体而言，在青海农牧地区，男性选择外出生计获得收入的发生比率（Odds）高于女性。从年龄来看，年龄变量的系数为正且具有显著性，说明随着年龄的增加，农牧民的月均纯收入也会随之增加。从婚姻来看，婚姻变量的系数也是显著正相关，说明已婚农牧民比未婚农牧民的月均纯收入更高，这也与中国传统的成家立业思想相吻合，已婚的农牧民更具有提高收入的责任感与压力，同时，他们也正处于年富力强的年纪，更有可能提高收入。从家庭负担比来看，家庭负担比变量的系数是呈负向显著的，这说明在农牧民家庭成员中若没有太多的劳动力人

员，而是多由老人和孩子组成，那么也会影响农牧民的月均收入水平。从家庭是否有草场（或土地）来看，家庭是否有草场（或土地）变量的系数呈现正向显著性水平，说明农牧民家庭拥有的草场（或土地）越多，他们的月均收入水平越高，实际上，说明这类农牧民的家庭资本为农牧民的月均纯收入做出了极大贡献。从家庭教育状况来看，家庭教育变量的系数呈现正向显著性水平，说明在受访农牧民家庭中成员的受教育程度也会影响农牧民自身月均收入水平。从家庭健康情况来看，家庭健康变量的系数呈正向显著性水平，说明农牧民家庭成员的健康状况越是良好水平，农牧民月均收入水平会越高，体现出受访农牧民家庭成员身体状况不需要使农牧民花费更多时间与精力，而可以将这些时间与精力用于提升收入方面。

第二，模型 2 为农牧地区农牧民公平感知对其收入影响研究，其中，分配公平、程序公平、信息公平的系数均为正，且分别通过了 10%、5%和 10%的显著性水平。从各控制变量的估计结果来看，其符号、显著性均与模型 1 估计结果基本保持一致，这表明模型具有较好的稳健性。针对公平感知的三个维度分别解释对农牧民月均纯收入的影响：分配公平的估计系数为 0.642 且显著，说明分配公平在青海省农牧民收入中的作用非常明显，体现了农牧民如果享受到了分配过程中的公平感，就会更加有信心寻找提高收入的渠道，就有可能寻找到增收的机会；程序公平的估计系数为 0.896 且显著，说明程序公平对农牧民月均纯收入具有明显的正向影响，这体现了农牧地区农牧民对日常生活中教育、就业、医疗等方面享有的公平非常在意，因为，如果教育方面能够使农牧民享有公平与平等，那么他们在受到相应教育之后的生计也会有保障，这就会影响他们的收入水平；信息公平的估计系数为 0.939 且显著，说明信息公平对农牧民收入增加具有正向影响，这体现了青海农牧民获得各类信息的公平感受，会对他们今后生活充满信心，也会积极投入保持生计可持续的过程中，还可能会促进农牧地区农牧民重新选择生计方式，这直接提升了他们生计转型的决心，使他们有更多渠道获得收入提升的可能性。

第三，模型 3 中加入了“农牧地区产业融合”这一变量，其估计系数为 0. 895，且在 1%的显著性水平上显著，说明农牧地区产业融合对农牧民收入具有显著的正向促进作用。在各控制变量不变的条件下，相较于当地没有产业融合的农牧民而言，农牧地区具有产业融合的农牧民收入更高。这说明农牧地区产业融合是农牧民收入增加的平台，通过区域产业融合方式为当地农牧民提供更多可就业的机会，使农牧民可以通过其他非农牧业的就业机会实现生计转型，从而增加农牧地区农牧民收入渠道。

（2）农牧地区产业融合对农牧民收入的调节效应

模型 4 中加入了公平感知四个维度与农牧地区产业融合的交互项，分别检验交互项对农牧民收入的调节作用。根据模型 4 估计结果发现，在加入了交互项之后，分配公平、程序公平、人际公平、信息公平与农牧地区产业融合的独立影响作用和模型 3 类似，在此仅分析公平感知四个维度与农牧地区产业融合交互项的影响作用：一是分配公平与农牧地区产业融合交互项，其估计系数为 1. 469 且通过了 1%的显著性水平，即分配公平与农牧地区产业融合的交互项对收入具有显著的正向影响，这一估计结果与前文理论分析中的观点基本吻合，分配公平在产业融合加入后，会提升农牧户收入水平，这也与实际相符；二是程序公平与农牧地区产业融合交互项，其估计系数为 1. 335 且通过了 1%的显著性水平，即程序公平与农牧地区产业融合的交互项对收入具有显著的正向影响，农牧民在日常生活中如果能享有平等待遇，则会提升他们对生活的信心；三是人际公平与农牧地区产业融合交互项，其估计系数为 1. 157 且通过了 10%的显著性水平，即人际公平与农牧地区产业融合的交互项估计系数为正且显著，表明当地若有产业融合，且农牧民享受到了人际公平，就有可能增加收入，因为人际公平提升时，会使农牧民对周围生活圈子充满信任与依赖，更能帮助他们寻找到增收的渠道和机会；四是信息公平与农牧地区产业融合交互项，其估计系数为 1. 314 且通过了 5%的显著性水平，即信息公平与农牧地区产业融合的交互项对收入具有显著的正向影响，农牧地区农牧民如果公平公正地获得就业平台的各类信息，则会带着更多积极上进的态度去就业，从而提高自身收入。

5.3 公平视角下青海省农牧民增收的生计分析

可持续生计是关乎农牧民家庭生存的重要问题，如若解决不好，农牧民家庭无以为生，势必影响区域的和谐安定，因此必须解决好农牧民的民生问题。

5.3.1 生计现状与基本观点

5.3.1.1 青海农牧民生计现状

由于农牧民生计直接关乎其收入状况，且生计本身属于微观因素，因此采用实地调查的方法，对青海农牧民生计进行研究。

(1) 样本农牧民描述性分析

为了能够清晰地了解样本农牧民的基本信息特征，具体分析可见表5-7。

从农牧民个人特征来分析，在受访农牧地区农牧民样本户中，以男性农牧民为户主的居多，共计333户，占总样本数的72.2%，女性农牧民户主共计128户，占总样本数的27.8%；户主平均年龄为44岁，最小19岁，最大82岁，30~50岁的农牧民居多，30岁及以下的35户，占总样本数的7.6%，31~40岁的农牧民有122户，占总样本数的26.5%，41~50岁的农牧民有177户，占总样本数的38.4%，51~60岁的农牧民有92户，占总样本数的20.0%，61~70岁的农牧民有20户，占总样本数的4.3%，71岁及以上的农牧民有15户，占总样本数的3.3%；户主的受教育程度大多是初中及以下水平，文化程度普遍偏低，不识字或初识的农牧民有85户，占总样本数的18.4%，小学文化程度的农牧民有144户，占总样本数的31.2%，初中文化程度的农牧民有80户，占总样本数的17.4%，高中或中专文化程度的农牧民有94户，占总样本数的20.4%，大专及以上文化程度的农牧民有58户，占总样本数的12.6%；户主的婚姻状况多数是已婚农牧民，已婚的农牧民有361户，占总样本数的78.3%，未婚的农牧民有100户，占总样本数的21.7%。

从农牧民家庭特征来分析，就家中是否有人参与技能培训而言，多数农牧民家中都有人参与过技能培训，共计 381 户，占总样本数的 82.6%，家中还没有参加过技能培训的农牧民有 80 户，占总样本数的 17.4%；就家庭总人口数而言，多数农牧民家中的总人数在 3~6 人，家中总人数在 2 人及以下的农牧民有 75 户，占总样本数的 16.3%，家中总人数在 3~4 人的农牧民有 158 户，占总样本数的 34.3%，家中总人数在 5~6 人的农牧民有 129 户，占总样本数的 28.0%，家中总人数在 7 人及以上的农牧民有 99 户，占总样本数的 21.5%；就家中是否有村干部而言，多数农牧民家中没有村干部，共计 373 户，占总样本数的 80.9%，农牧民家中有村干部的有 88 户，占总样本数的 19.1%；就家庭是否接受政府等各类帮扶而言，多数农牧民家中接受过来自政府或其他组织的各类帮扶，共计 380 户，占总样本数的 82.4%，农牧民家中没有接受过来自政府或其他组织各类帮扶的只有 81 户，占总样本数的 17.6%；就家庭住所距离城镇 50 千米以内的占样本总数的 65%，其他占 35%；就家中目前从事的生计类型而言，从事纯农牧型生计的农牧民有 124 户，占总样本数的 26.9%，从事兼业型生计的农牧民有 155 户，占总样本数的 33.6%，从事非农牧型生计的农牧民有 182 户，占总样本数的 39.5%；就家庭劳动力数量而言，家中有 1 人或没有劳动力的农牧民有 49 户，占总样本数的 10.6%，家中有 2~3 人劳动力数量的农牧民有 160 户，占总样本数的 34.7%，家中有 3~4 人劳动力数量的农牧民有 178 户，占总样本数的 38.6%，家中有 5 人及以上劳动力数量的农牧民有 74 户，占总样本数的 16.1%。

表 5-7　样本农牧民基本信息特征

单位：%

变量	统计指标	比例	变量	统计指标	比例
性别	男性	72.2	家庭总人口数	2 人及以下	16.3
	女性	27.8		3~4 人	34.3
年龄	30 岁及以下	7.6		5~6 人	28.0
	31~40 岁	26.5		7 人及以上	21.5
	41~50 岁	38.4	家中是否有村干部	是	19.1
	51~60 岁	20.0		否	80.9
	61~70 岁	4.3	家庭是否接受政府等各类帮扶	是	82.4
	71 岁及以上	3.3		否	17.6

续表

变量	统计指标	比例	变量	统计指标	比例
受教育程度	不识字或初识	18.4	家庭住所距离城镇50千米以内	是	65.0
	小学	31.2		否	35.0
	初中	17.4	家中目前从事的生计类型	纯农牧型生计	26.9
	高中或中专	20.4		兼业型生计	33.6
	大专及以上	12.6		非农牧型生计	39.5
婚姻状况	已婚	78.3	家庭劳动力数量	0~1人	10.6
	未婚	21.7		2~3人	34.7
家中是否有人参与技能培训	是	82.6		3~4人	38.6
	否	17.4		5人及以上	16.1

（2）样本农牧民的生计偏好

在青海农牧地区实地调研农牧民期间，对于农牧民选择的生计偏好分为纯农牧型生计偏好、兼业型生计偏好与非农牧型生计偏好，问卷的问项通过以下几个问题获取农牧民选择生计偏好的数据，即“您对将来生活有何打算：在城镇定居、能够再受教育、外出打工赚钱、自己独立创业、其他”“您最希望从事的行业是：纯农牧业、非农牧业、既从事农牧业又从事非农牧业（兼业）”“您最希望从事的具体工作是：种植业、畜牧业、采集业、个体运输、餐饮等服务工作、行政事业单位固定工作、经商、其他”。在此次调研获得的461份有效样本中，愿意从事纯农牧型生计的农牧民有99户，占总样本数的21.5%；愿意从事兼业型生计的农牧民有184户，占总样本数的39.9%；愿意从事非农牧型生计的农牧民有178户，占总样本数的38.6%，见图5-1。

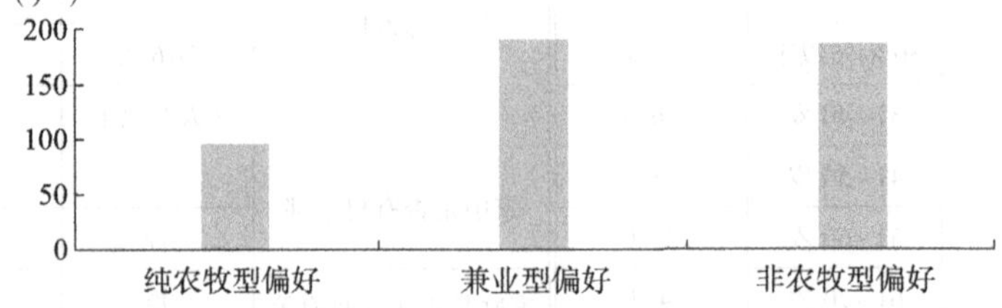

图5-1　样本农牧民对不同类型生计的偏好

（3）样本农牧民的生计行为

在青海农牧地区实地调研农牧民期间，对于农牧民选择的生计行为分为纯农牧型生计行为、兼业型生计行为与非农牧型生计行为，问卷的问项通过以下几个问题获取农牧民选择生计行为的数据，即“您在过去一年中更换过工作吗：更换过、没有更换”“您总共从事过几种工作：一种、两种、三种、四种、五种及以上（见图 5-3）”“您过去一年的就业情况（若目前失业，则按失业前回答）：只干农牧业相关的活、只从事非农牧业工作、既干农活（包含农业、牧业）又从事非农牧业工作”“您所从事的工作是：无工作、放牧、种地、养藏獒、采虫草、跑运输、个体经商、打工、其他”。在此次调研获得的 461 份有效样本中，目前从事纯农牧型生计的农牧民有 124 人，占总样本数的 26.9%；目前从事兼业型生计的农牧民有 155 人，占总样本数的 33.6%；目前从事非农牧型生计的农牧民有 182 人，占总样本数的 39.5%（见图 5-2）。

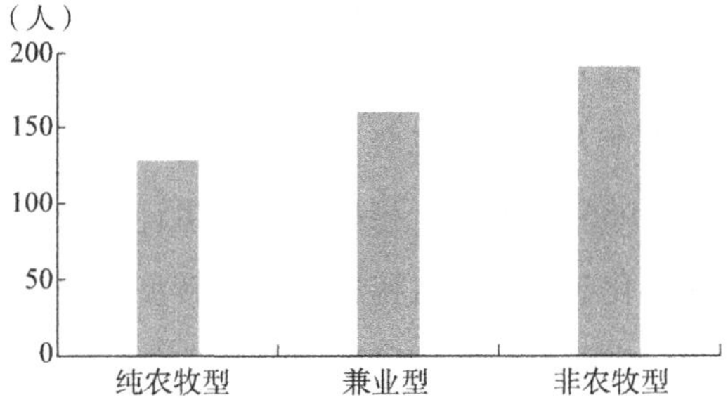

图 5-2　样本农牧民选择不同类型生计行为的情况

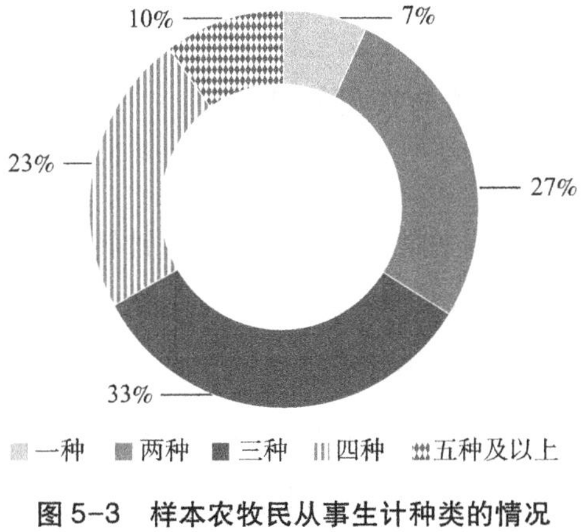

图 5-3　样本农牧民从事生计种类的情况

5.3.1.2 研究假设

农户增收渠道来源于个体和家庭资源的积累与差异化，劳动力拥有的资源越多，越容易得到更多的就业机会（黄志刚 等，2018）。因此，生计转型与收入的因果链条“公平感知→生计转型→农牧民收入”是符合理论基础和逻辑分析的。

根据资本减贫理论，拥有的资源不仅可以用来谋生，还可以提升人们的生计能力，是能够获取、发展与改进的自然、人力、财务、社会等资源的集合，因此，资源作为一种权利基础，常在人们掌控或转变主导资源的使用时起作用（Sen A.，1997）。资源差异化对农户家庭收入的影响来源于其生计的选择，而生计选择基础是个体与家庭的不同特征，个体与家庭拥有资源的差异化会导致生计选择也存在较大差异（赵文娟 等，2016），故而影响其收入水平的高低。

计划行为理论能够预测由意向控制的个体行为，该理论包括态度、主观规范、行为意向和行为四个主要成分。事实上，个体行为并非完全由自我意识控制，而是由个人能力、机会、资源等外在条件对个体行为产生重要影响（Ajzen I.，1985）。此外，根据可持续生计理论，农牧民的个体特征与家庭特征的差异化越大，会直接影响生计转型的渠道，增收的可能性就越大。基于此，提出假设：农牧民生计转型对农牧民收入有正向影响。

5.3.2 生计的实证检验

5.3.2.1 变量设置与模型构建

（1）变量设置

基于理论分析与已有文献，考虑农牧民生计转型行为属于多阶段动态过程，农牧民的生计转型行为分为两个层次。第一层次的变量为农牧民的生计转型意愿，即农牧民是否有生计转型。第二层次的变量为农牧民的生计转型程度，借鉴已有学者关于农户生计转型程度的研究成果，本课题将“农牧民生计转型程度”定义为农牧民在从事农牧业生产期间，从事非农牧业经营活动且获得相应非农牧业收入的程度；同时，将农牧民非农牧业收入占家庭总收入比重按照 50%为临界值，不足 50%的农牧民为单一化生计转型农牧民，大于或等于 50%的农牧民为多元化生计农牧民。

同时，选取青海农牧民月均纯收入，主要通过受访农牧民个人每个月的平均纯收入表征，作为其生计转型行为的结果变量，主要通过“目前您每个月平均的收入是多少”这一问题来测度，农牧民的月均纯收入属于连续变量。另外，选取公平感知、个人特征、家庭特征三个变量作为核心解释变量和控制变量，包括受访农牧民的性别、年龄、婚姻、家庭负担比、家庭是否有草场（或土地）、家庭教育状况、家庭健康情况；根据识别变量的含义，即对第一阶段因变量有直接影响效应，但对第二阶段因变量没有直接影响效应，选取了农牧民居住地与所在州府的距离、当地是否有成熟产业作为识别变量。结合实际情况，对主要变量的描述性统计，见表 5-8。

表 5-8　主要变量的描述性统计

类别	变量名	定义与赋值	均值
被解释变量	月均纯收入	受访农牧民月均纯收入（元）	2092.06
核心解释变量	生计转型意愿	不愿意=0，愿意=1	0.52
	生计转型程度	单一化生计=0，多元化生计=1	0.61
	公平感知		
	分配公平	根据因子分析得分计算（由第 4 章计算获得）	2.96
	程序公平	根据因子分析得分计算（由第 4 章计算获得）	3.15
	人际公平	根据因子分析得分计算（由第 4 章计算获得）	2.93
	信息公平	根据因子分析得分计算（由第 4 章计算获得）	2.68
控制变量	个人特征		
	受访农牧民的性别	男=1，女=0	0.73
	受访农牧民的年龄	被访者受访时的年龄（岁）	44.24
	受访农牧民的婚姻	已婚=1，未婚=0	0.71
	家庭特征		
	家庭负担比	非劳动力人口（<15 岁或>64 岁）与劳动力人口（15~64 岁）之比	0.74

续表

类别	变量名	定义与赋值	均值
控制变量	家庭是否有草场（或土地）	有=1，没有=0	0.71
	家庭教育状况	不识字=1，小学=2，初中=3，高中=4，大学及以上=5	3.15
	家庭健康情况	家庭成员中患有重大疾病或残疾，有=1，没有=0	0.35
识别变量	农牧民居住地到当地州府的距离	50千米以内=1，50~100千米=2，100千米及以上=3	1.55
	当地是否有成熟产业	没有=1，较少=2，一般=3，较多=4，很多=5	2.57

（2）模型构建

①Heckman两阶段模型。

农牧民生计转型行为的整个过程可分为两个阶段：第一阶段为农牧民生计转型意愿，第二阶段为农牧民生计转型程度。只有当农牧民愿意选择生计转型时，才能观测到农牧民的生计转型程度，但如果农牧民在第一阶段决定不愿选择生计转型，那么第二阶段是没有观测值的，因此，通过建立Heckman两阶段模型解决存在的样本选择性偏误问题。将农牧民生计转型行为的两个阶段——生计转型意愿和生计转型程度引入模型进行估计，模型构建如下：

$$y_{i1}^{*}=x_i'\alpha+\mu_i \quad y_{i1}=\begin{cases}1，当\ y_{i1}^{*}>0\ 时\\0，当\ y_{i1}^{*}\leqslant 0\ 时\end{cases} \tag{5-4}$$

$$y_{i2}^{*}=z_i'\beta+\varepsilon_i \quad y_{i2}=\begin{cases}可观测值，当\ y_{i2}^{*}>0\ 时\\不可观测值，当\ y_{i2}^{*}\leqslant 0\ 时\end{cases} \tag{5-5}$$

式（5-4）表示选择方程，式（5-5）表示结果方程。其中，公式代码的含义分别是：y_{i1}^{*}和y_{i2}^{*}为潜变量，y_{i1}和y_{i2}为因变量，x_i'和z_i'为自变量的向量；α和β为待估计系数，μ_i和ε_i为残差项，i为第i个样本。根据上述两个公式，构建无条件概率模型如下：

$$prob(y_{i1}=0 \mid x_i,\ z_i)=1-\Phi_1(x_i'\alpha) \tag{5-6}$$

$$prob(y_{i2}=0,\ y_{i1}=1 \mid x_i,\ z_i)=\Phi_2(-z_i'\beta,\ x_i'\alpha,\ -\rho) \tag{5-7}$$

$$prob(y_{i2}=1, y_{i1}=1 \mid x_i, z_i)=\Phi_2(-z_i'\beta, x_i'\alpha, -\rho) \tag{5-8}$$

上述式（5-6）至式（5-8）中，$\Phi_1(x)$ 代表标准正态分布函数，$\Phi_2(x)$ 代表累计二元正态分布函数。根据数据可得性与研究目的，将 y_{i1}、y_{i2} 分别作为农牧民生计转型意愿和生计转型程度的因变量，将 x_i，z_i 分别作为各类生计资本及识别变量，其中，识别变量是为保证式（5-4）估计的可识别性，在式（5-4）中至少要包含一个不在式（5-5）中出现的变量，且这些变量对式（5-4）因变量有直接影响效应，但对式（5-5）因变量没有直接影响效应，这些变量被称为“识别变量”。由式（5-6）至（5-8）将研究模型扩展如下：

$$prob(y_{i1}=0 \mid x_i, z_i)=1-\Phi_1(\alpha_0+\sum_{k=1}^{16}\alpha_k x_{ki}) \tag{5-9}$$

$$prob(y_{i2}=0, y_{i1}=0 \mid x_i, z_i)=$$

$$\Phi_2(-\beta_0-\sum_{k=1}^{14}\beta_k z_{ki}, \alpha_0+\sum_{k=1}^{16}\alpha_k x_{ki}, -\rho) \tag{5-10}$$

$$prob(y_{i2}=1, y_{i1}=0 \mid x_i, z_i)=$$

$$\Phi_2(\beta_0+\sum_{k=1}^{14}\beta_k z_{ki}, \alpha_0+\sum_{k=1}^{16}\alpha_k x_{ki}, -\rho) \tag{5-11}$$

上述式（5-9）至式（5-11）中，α_0 和 β_0 为常数项。

②内生转换回归模型。

Heckman 两阶段模型虽然可以解决不可观测变量产生的偏误，但第 i 个农牧民的生计转型意愿与生计转型程度对其收入的影响机制可能会有差异，因此，为了增强说服力，进一步使用基于内生转换回归模型（Endogenous Switching Regression Model，ESRM）的生计转型行为对农牧民收入影响的处理效应估计。该部分探究多元化生计①对农牧民收入的影响，可构建关于农牧民收入模型：

$$Y_i=X_i\alpha+Z_i\beta+\varepsilon_i \tag{5-12}$$

式（5-12）中，Y_i 为农牧民收入，X_i 为农牧民分配公平、程序公平、人际公平、信息公平，Z_i 为农牧民是否属于多元化生计的虚拟变量，α

① 本文将农牧民生计转型程度的“多元化生计”界定为农牧民在生计转型后，从事两种及以上的生计方式。

和β为待估参数，ε_i为误差项。需要注意的是，农牧民的生计转型程度不属于外生变量，原因有两个。一是生计转型行为是农牧民的自选择；二是可能存在不可观测变量，且同时影响着多元化生计与农牧民收入。因此，运用最小二乘法估计多元化生计对农牧民收入的影响将会产生有偏的估计系数。

为了解决选择性偏误问题，以往使用的倾向得分匹配在处理效应时，只能控制可观测变量的异质性，农牧民生计转型行为可能还受到一些不可观测变量的影响，因此，倾向得分匹配具有局限性，运用内生转换回归模型进行估计，能够控制可观测变量与不可观测变量的异质性问题，有效解决样本选择偏误。

内生转换回归模型的两阶段设计思路如下。首先，对选择方程进行估计，即农牧民多元化生计行为的模型估计；其次，对结果方程进行估计，即分别运用农牧民多元化生计和农牧民单一化生计两个子样本，构建两组农牧民收入模型，估计方程如下：

$$Z_i=W_i\eta+\omega_i \tag{5-13}$$

$$income_{i1}=X_i'\beta_{i1}+\varepsilon_{i1},\ \ if\quad Z_i=1 \tag{5-14}$$

$$income_{i0}=X_i'\beta_{i0}+\varepsilon_{i0},\ \ if\quad Z_i=0 \tag{5-15}$$

式（5-14）至式（5-15）中，$Z_i=1$为多元化生计，$Z_i=0$为单一化生计；$income_{i1}$和$income_{i0}$分别属于多元化生计与单一化生计的农牧民收入；X_i'为解释变量，ε_{i1}和ε_{i0}为随机误差项。为使模型识别更准确，引入“就业时间”为农牧民是否属于多元化生计的工具变量，这里的就业时间实际上是农牧民从起初从事某种生计至今的时间（下文统称为“就业时间”），即农牧民从事各类生计方式的总时间一定会影响农牧民对生计转型模式的态度与行为，但不会直接影响农牧民收入。

基于以上内生转换回归模型的方程（5-14）和方程（5-15），属于多元化生计农牧民和单一化生计农牧民的收入的方程可以表述为

$$E(income_{i1}\mid part\text{-}time_i=1)=X_i\beta_1+\sigma_{1\mu}\lambda_{1i} \tag{5-16}$$

$$E(income_{i0} \mid part\text{-}time_i=1)=X_i\beta_0+\sigma_{0\mu}\lambda_{0i} \tag{5-17}$$

对于多元化生计农牧民而言，其农牧民收入的 *ATT* 由方程（5-16）与方程（5-17）相减得到：

$$ATT=E[income_{i1} \mid Z_i=1]-E[income_{i0} \mid Z_i=1]=X_i(\beta_{i1}-\beta_{i0})+\lambda_{i1}(\sigma_{v1}-\sigma_{v0}) \tag{5-18}$$

5.3.2.2　结果与分析

（1）农牧民生计转型意愿与生计转型程度分析

运用 Stata13.0 运行 Heckman 两阶段模型，同时估计农牧民生计转型意愿与生计转型程度，具体的模型估计结果见表 5-9。在模型估计结果中，实证方程的 wald 卡方值均显著且通过 1%水平的检验，说明方程的整体拟合程度都比较理想。同时，所有方程的逆米尔斯比率也均显著，说明样本存在选择性偏误问题，需要用 Heckman 两阶段模型处理选择性偏误。以下分别讨论各因素的影响。

表 5-9　Heckman 两阶段估计结果

变量名	生计转型意愿		生计转型程度	
	系数	标准差	系数	标准差
公平感知				
分配公平	-0.213**	0.084	-0.085***	0.027
程序公平	0.982***	0.140	0.331***	0.064
人际公平	0.098	0.107	0.119***	0.028
信息公平	0.025	0.085	0.063***	0.023
个体特征				
受访农牧民的性别	0.184**	0.076	0.024	0.022
受访农牧民的年龄	-0.605**	0.270	-0.314***	0.071
受访农牧民的婚姻	-0.099	0.084	0.002	0.026
家庭特征				
家庭负担比	-0.223**	0.107	-0.054	0.037
家庭是否有草场（或土地）	-0.197***	0.077	-0.066***	0.024

续表

变量名	生计转型意愿		生计转型程度	
	系数	标准差	系数	标准差
家庭教育状况	-0.433*	0.226	-0.111	0.069
家庭健康情况	0.198*	0.118	0.012	0.030
识别变量				
到当地州府的距离	-0.323***	0.119		
当地成熟产业	0.289***	0.099		
常数项	3.386***	0.776	1.434***	0.238
逆米尔斯比率	0.440***	0.167		

注：*、**、***分别表示通过显著性水平为10%、5%、1%的统计检验。

①公平感知。

从公平感知角度分析，表5-9中，就农牧民生计转型意愿而言，分配公平与程序公平分别在5%和1%的水平下显著，同时，分配公平呈负相关关系，且对生计转型意愿具有显著负向影响；程序公平呈正相关关系，且对生计转型意愿具有显著正向影响。以上数据结果分析表明：一方面，公平感知中的分配公平水平越高，农牧地区农牧民从事纯农牧业生产意愿越高，因为公平感受会让他们对目前的生计方式抱有期望，不愿意轻易选择其他生计方式；另一方面，公平感知中的程序公平水平越高，他们越愿意选择生计转型，这可能是因为农牧民在日常生活中享受到了公平公正的待遇，不会惧怕新的生计方式，更有可能接受传统纯农牧业生产以外的其他生计方式。

就农牧民生计转型程度而言，分配公平、人际公平和信息公平均在1%的水平下显著，同时，分配公平呈负相关关系，且对生计转型程度具有显著负向影响；人际公平和信息公平呈正相关关系，且均对生计转型程度具有显著正向影响。以上数据结果分析表明：其一，公平感知中的分配公平水平越高，农牧地区农牧民生计转型程度越低，这可能是因为分配公平对农牧民生计转型程度的影响是反向的，农牧民感受到的分配公平会使其不仅不愿意选择尝试新的生计方式，而且不会尝试多种生计方式；其二，公平感知中的人际公平水平越高，农牧地区农牧民生计转型程度越高，这是因为农牧地区农牧民在其生活圈中寻找到平等的人际交往模式，他们更有可能从事多种生计方式；其三，公平感知中的信息公平水平越高，农牧地区农牧民生计转型程度越高，这是因为为了提高收入水平，获得各类准确可靠的信息对于农牧地区农牧民是一种对生活充满期望的渠道，在此过程中，他们也就有机会从事不同方式的生计。

②个体特征。

从个体特征角度分析，表 5-9 中，就农牧民生计转型意愿而言，受访农牧民性别和年龄分别通过了正 5%与负 5%的显著性检验，说明受访农牧民性别对生计转型意愿具有显著正向影响，而年龄对生计转型意愿具有显著负向影响。以上数据结果分析表明：一方面，受访农牧民中男性比女性更愿意选择生计转型，这与实际调研过程中的发现相符，在调研中发现，“男主外、女主内”在青海农牧地区也是比较符合的，绝大多数的男性农牧民在家庭中充当着生计的主力军，因此，在生计转型意愿方面，男性农牧民比女性农牧民的意愿更高；另一方面，受访农牧民年龄越大，越不愿意选择生计转型，在调研中发现，越年轻的农牧民在生计转型意愿中体现得越积极与活跃，这可能与内在心理中的风险认知有关，有农牧民表示，年纪大了再去变换新的生计方式，如果发现不适合新的生计方式，那么连以前基本的生计也维持不了，这也是年龄与生计转型意愿呈负相关关系的主要原因。

就农牧民生计转型程度而言，只有受访农牧民年龄在 1%的水平下显著且呈负相关关系，说明受访农牧民年龄对生计转型程度具有显著负向影响。以上数据结果分析表明，相比较年纪大的农牧民而言，年轻一些的农牧民不仅会愿意尝试新的生计方式，还会偏向于生计的多样化，这与实地调研中的现象一致，在调研中发现，从事多元化生计的农牧民年龄平均在 30~35 岁，年纪大一些的农牧民更愿意只从事纯农牧型的生计方式。

③家庭特征。

从家庭特征角度分析，表 5-9 中，就农牧民生计转型意愿而言，家庭负担比、家庭是否有草场（或土地）、家庭教育状况、家庭健康状况分别在 5%、1%、10%和 10%的水平下显著，同时，除了家庭健康状况呈正相关关系外，其余变量全部呈负相关关系，说明家庭负担比、家庭是否有草场（或土地）、家庭教育状况对生计转型意愿均具有显著负向影响，家庭健康状况对生计转型意愿具有显著正向影响。以上数据结果分析表明：其一，家庭负担比越高，受访农牧民越不愿意选择生计转型，因为农牧民在生计转型过程中伴随着风险，加之自己是家庭中的顶梁柱，所以不会轻易尝试新的生计方式；其二，家庭中的草场（或土地）越多，农牧民越不愿意选择生计转型，在调研中发现，家庭中的主要收入是通过拥有的草场（土地）获取的，需要家庭中更多的劳动力投入；其三，家庭中受教育平均水平越高，生计转型意愿越低，这可能是因为受教育程度越高的家庭，越倾向于就业稳定；其四，家庭健康状况越良好，农牧民越愿意尝试新的生计方式，在家庭成员都健康的状况下，农牧民会没有负担地愿意尝试新的生计方式。

就农牧民生计转型程度而言，只有家庭是否有草场（或土地）这一变量在 1%的水平下显著且呈负相关关系，说明受访农牧民家庭是否有草场（或土地）对生计转型程度具有显著负向影响。以上数据结果分析表明，受访农牧民家庭拥有越多草场（或土地），他们越有可能仅从事单一的生计，这与调研过程中的现象相符合，在调研中发现，拥有草场（或土地）多的家庭，受访农牧民基本从事纯农牧业生计。

④识别变量。

从识别变量角度分析，表 5-9 中模型估计结果显示，识别变量均通过 1%的显著性水平，表明所有识别变量适用于当前的计量模型。然而，“到当地州府的距离”这一变量对农牧民是否愿意选择生计转型有显著的负向影响，而“当地成熟产业”这一变量对农牧民是否愿意选择生计转型有显著的正向影响。说明农牧民离当地州府的距离越近，就业信息越广，越愿意选择生计转型；当地产业发展得越成熟越有前景，农牧民的就业机会就越多，越有可能选择新的行业领域，进行生计转型。

（2）边际效应

根据上述分析模型，进一步探究农牧民生计转型意愿与生计转型程度的边际效应，见表5-10。

表5-10　边际效应分析

变量名	生计转型意愿	生计转型程度
公平感知		
分配公平	0.082**	0.099***
程序公平	0.094***	0.158***
人际公平	0.039	0.021**
信息公平	0.021*	0.037**
个体特征		
受访农牧民的性别	0.095***	0.076
受访农牧民的年龄	-0.053*	-0.121*
受访农牧民的婚姻	0.018	-0.011
家庭特征		
家庭负担比	-0.059***	-0.330
家庭是否有草场（或土地）	-0.026**	-0.041***
家庭教育状况	-0.113***	0.191*
家庭健康情况	0.011*	0.019
其他变量	略	略

注：为节省篇幅，未报告其他变量及其他变量估计结果；*、**、***分别表示通过显著性水平为10%、5%、1%的统计检验。

由表5-10可知，分配公平、程序公平、信息公平、受访农牧民的性别、家庭健康情况等变量每提高1个单位，农牧民的生计转型意愿分别提高8.2%、9.4%、2.1%、9.5%和1.1%。而受访农牧民的年龄、家庭负担比、家庭是否有草场（或土地）与家庭教育状况等变量每提高1个单位，其生计转型意愿分别下降5.3%、5.9%、2.6%和11.3%。与此同时，随着受访农牧民分配公平、程序公平、人际公平、信息公平、家庭教育状况等变量每提高 1 个单位，农牧民的生计转型程度提高的概率分别是 9.9%、15.8%、2.1%、3.7%和 19.1%。相应地，当受访农牧民的年龄、家庭是否有草场（或土地）两个变量每增加 1 个单位时，农牧民的生计转型程度分别下降 12.1%和 4.1%。

（3）多元化生计对农牧民收入的影响

运用内生转换回归模型估计多元化生计对农牧民收入的影响，模型估计结果见表 5-11。其中，参数 $\rho_{\mu0}$ 或 $\rho_{\mu1}$ 分别在 1%与 5%的水平下显著且不为 0，说明有必要运用内生转换回归模型纠正不可观测变量导致的选择性偏误，否则会有偏估计系数。模型回归结果显示，$\rho_{\mu0}<0$ 说明存在负向选择性偏误，与之相反，$\rho_{\mu1}>0$ 说明存在正向选择性偏误，这表明农牧民生计转型程度越高，则农牧民收入水平也越高。这与实际调研相符，收入较高的农牧民，其收入渠道宽，生计能力较强，这主要归因于在就业信息充足、就业渠道多样的条件下，农牧民自身就业能力越强，越容易实现多元化的生计转型模式，反之亦然。进一步考虑多元化生计的 *ATT*，表示多元化生计对农牧民收入的平均处理效应，通过内生转换回归模型消除选择性偏误后，表 5-12 中发现 *ATT* 为 2.51，且都在 1%的水平下显著，说明在克服自选择的内生性问题后，多元化生计有助于农牧民收入提高 29.11%。

表 5-11　多元化生计对农牧民收入的影响

变量名	多元化生计模型		农牧民收入			
			单一化生计转型		多元化生计	
	系数	标准差	系数	标准差	系数	标准差
公平感知						
分配公平	0.373***	0.071	0.369***	0.071	0.184***	0.048
程序公平	0.234***	0.077	0.101*	0.060	0.035	0.055
人际公平	0.070	0.114	0.041	0.104	0.096	0.075
信息公平	0.154**	0.080	0.005	0.078	0.105**	0.053

续表

变量名	多元化生计模型		农牧民收入			
			单一化生计转型		多元化生计	
	系数	标准差	系数	标准差	系数	标准差
个体特征						
受访农牧民的性别	0.238***	0.085	0.184**	0.088	-0.168***	0.049
受访农牧民的年龄	0.674***	0.234	0.288	0.220	-0.047	0.132
受访农牧民的婚姻	0.002	0.070	0.003	0.066	-0.055	0.041
家庭特征						
家庭负担比	-1.235***	0.221	0.517***	0.160	-0.600***	0.210
家庭是否有草场（或土地）	-0.279***	0.082	0.195***	0.069	-0.097**	0.049
家庭教育状况	-0.783***	0.167	0.609***	0.161	-0.003	0.098
家庭健康情况	0.640***	0.100	0.352***	0.103	-0.210***	0.057
常数项	1.190*	0.726	9.693***	0.659	8.312***	0.485
工具变量						
就业时间	0.134***	0.047				
$\rho_{\mu 0}$（或 $\rho_{\mu 1}$）			-0.223***	0.070	1.442**	0.335
*Ln s*0			-0.215**	0.098		
*r*0			1.442**	0.335		
*Ln s*1						
*r*1					-0.223***	0.070
LR test of indep. eqns.	13.53***					
Log likelihood	-583.961					

注：*、**、***分别表示通过显著性水平为 10%、5%、1%的统计检验。

表 5-12　农牧民多元化生计对收入影响的 *ATT*

农牧民收入	均值		*ATT*	标准差	变化率（%）
	多元化生计	单一化生计转型			
	7.99	7.70	2.51	0.16***	29.11

注：***表示通过显著性水平为 1%的统计检验。

5.4 本章小结

根据青海农牧地区的实地调查数据，分别对惠农惠牧政策、农牧地区产业融合、生计转型进行研究，分析发现了青海农牧民增收的外在动因，并分析了内在动因加入后如何影响农牧民增收的深层次机制。

第6章

公平感知对青海省农牧民增收效果的影响

上述章节分别从惠农惠牧政策、农牧地区产业融合、农牧民生计三个层次探讨研究了公平视角下青海农牧民增收的问题，分析了外在因素与内在感知因素双重作用于青海农牧民增收过程，那么，在此基础上，还需要清晰识别公平感知对青海农牧民增收会产生怎样的效果，目的主要为：一是帮助农牧地区农牧民树立增收的信心；二是使农牧地区农牧民对国家政策产生信任，不仅具有划时代的现实意义，而且具有长效增收的可持续意义。因此，本章构建青海农牧民公平感知对增收效果的模型，进一步分析公平感知对农牧民增收效果的作用机制，以此更加深入探究公平感知在青海农牧民增收过程中的作用，从内在深层次因素揭示农牧民树立增收信心的重要性。

6.1 公平感知对青海省农牧民增收的理论依据

6.1.1 基本观点

根据理性行为理论，可以预测多个领域的行为与行为意向，劳动力作为理性行为主体，会趋向于用最小代价获得最大利益的最优策略来决策自己的行为，农牧民的可持续生计可视为在追求利益最大化情况下的决策与行为。农牧民生计是一个随机的过程，只有当其选择的生计方式产生的预期净收益大于当前收益时，才会有助于农牧民收入提高。农牧民的当前收益和城镇生活的成本都是相对稳定的变量，而农牧民选择生计方式的预期收益具有一定的风险，预期收益会受到农牧民自身的内在因素、家庭因素与周边环境的外部因素影响而导致不稳定。同时，根据公平理论（公平最早来自内在心理感知层面，隶属于心理学研究领域，后发展到经济学领域，而无论是哪一种学科对“公平”的研究，它都是一个复杂的体系，可见，“公平感知”是一个渐进的、动态的过程)，可以将农牧民公平感知对家庭收入的影响视为一个包含“影响因素—公平状况—公平后果”的逻辑链条，然而，农牧民公平感知产生相应的经济后果却不容忽视。据此，农牧民内在公平感知是由前因与后果构成的完整研究逻辑，即公平感知对家庭收入的影响取决于农牧民的公平感知决定，而公平感知决定的基础便是个体、家庭、环境等存在的差异，相应的农牧民公平感知程度也会因此不同，从而导致其家庭收入的较大差异。

综上所述，公平感知分为感受公平与公平程度两个阶段，感受公平是个体认知第一个层面，公平程度是个体认知第二个层面，家庭收入是个体认知产生的后果，采用横截面数据研究农牧民公平感知与农牧民收入的研究思路是符合理论逻辑的。

6.1.2 研究假设

6.1.2.1 农牧民公平感知的影响因素

(1) 农牧民个体异质性

第一，性别。男性与女性的忍耐力是存在差异的，一般而言，女性的忍耐力要高于男性，女性比男性更容易感受到生活环境中的公平待遇。第二，年龄。虽然年龄小的农牧民比年龄大的农牧民接受新事物的能力更强，更容易感受到公平，但也发现年龄对农牧民的公平感知具有积极影响。第三，教育程度。卢海阳等（2018）认为，受教育程度越高的劳动力，认识事物的能力与认知有所不同，对城镇生活中内在心理感受更有优势。第四，健康状况。身体的健康水平直接关系到劳动力的生活质量，从而会影响其是否感受到公平或感受的程度。第五，参与技能培训。对参与过藏毯编织、民族手工艺制作、唐卡绘画等各类技能培训的农牧民比没有此类经历的农牧民的就业能力相对较强，更容易体会到公平感知，且更有利于提高其公平感知的程度。第六，参与乡村社会活动。经常参与乡村或社区各类帮扶、民族文化等活动的农牧民，性格活泼，人际交往能力更强，更易于接受城镇的生活并感受各类平等待遇。基于此，提出假设 1：个体异质性显著影响农牧民是否感知到公平和公平感知程度。

（2）农牧民家庭异质性

第一，家庭总劳动力数。农牧民家庭劳动力丰富，一方面可以提高家庭在新环境中的生计能力；另一方面可以合理配置资源，从而适应新的生计方式，进而农牧民公平感知的程度越高。第二，家庭的亲朋好友数。亲朋好友属于家庭的社会资本，社会资本较多的农牧民更加能感受到生活中获得的公平感。第三，家庭农牧业机械数量。家庭的农牧业机械数量越多说明农牧业经营规模越大，投入农牧业生产的需求越大，对农牧业的依赖程度越大，越倾向于农牧民的游牧生活。第四，家庭借款难度。资金对于家庭维持基本生活或提升生活质量均属于重要前提，一方面处于贫困的家庭可以通过借款摆脱暂时的生计困境；另一方面对于抱有自主经营等创业方式想法的家庭通过借款，能够帮助其解决筹资问题，有助于其感受到公平感。基于此，提出假设 2：家庭异质性显著影响农牧民是否感知到公平和公平感知程度。

（3）地理区位异质性

地理区位异质性主要以地区虚拟变量考量。将距离省会西宁市的远近程度作为划分参照组的标准，以玉树州为参照，海西州、海南州、黄南州、果洛州等地离西宁市相对较近，这些地区对产业发展的要求相对更高，对相应的各类新兴产业、高新科技、信息网络等方面更加关注，公平感知的程度更高。基于此，提出假设 3：地理区位异质性显著影响农牧民公平感知程度，即以玉树州为参照，地理区位异质性显著影响海西州、海南州、黄南州、果洛州等地农牧民是否感知到公平和公平感知程度。

6.1.2.2　农牧民公平感知对收入的影响

根据公平理论内容，个体的公平感知会引起个体的行为决策，从而产生经济行为这一结果变量。同时，农牧民公平感知的程度越高，在一定程度上越能增加就业机会，拓宽家庭增收渠道的可能性会越大，因此，也能促进农牧民收入水平的提升。基于此，提出假设 4：农牧民的高公平感知度对农牧民收入有显著的正向影响。

6.2 变量设置与模型构建

6.2.1 变量设置

选取青海省农牧民收入①作为其内在公平感知的结果变量，主要通过“目前您每月的平均收入是多少”这一问题来测度，农牧民收入是连续变量。另外，选取个体异质性、家庭异质性、地理区位异质性相关变量作为解释变量。在此选择的识别变量是青海农牧民居住地与所在州府的距离，当地是否有成熟产业。该部分要研究的主要变量的定义与赋值，见表 6-1。

表 6-1 主要变量的定义与赋值

变量定义	赋值
个体异质性	
受访者性别	女=0，男=1
受访者年龄	农牧户实际年龄/岁
受访者受教育水平	初识或不识=1，小学=2，初中=3，高中/职校=4，大专及以上=5
受访者健康状况	残疾=1，重大疾病=2，患有慢性病=3，偶有小病=4，健康=5
参与技能培训	未参与=0，参与=1
参与乡村社会活动	不参加=1，较少=2，一般=3，较多=4，经常参加=5
家庭异质性	
家庭借款难度	非常难=1，较难=2，一般=3，较易=4，非常容易=5
家庭的亲朋好友数	1 人及以下=1，2 人=2，3 人=3，4 人=4，5 人及以上=5

① 根据第 3 章青海省农牧民收入水平变化的研究，对比“十二五”末与“十三五”末青海农牧民的收入变化，发现青海省农牧民收入呈现不同程度的增加，故在本章将农牧民增收的指标用最近一年的农牧民每月平均纯收入表征。

续表

变量定义	赋值
农牧业机械数量	1 种 = 1，2 种 = 2，3 种 = 3，4 种 = 4，5 种及以上 = 5
家庭劳动力数	1～10 人 = 1，11～20 人 = 2，21～30 人 = 3，31～40 人 = 4，41 人及以上 = 5
地理区位异质性	
玉树州	否 = 0，是 = 1
海南州	否 = 0，是 = 1
海西州	否 = 0，是 = 1
黄南州	否 = 0，是 = 1
果洛州	否 = 0，是 = 1
识别变量	
到所在州府的距离	50 千米以内 = 1，50～100 千米 = 2，100 千米及以上 = 3
当地是否有成熟产业	没有 = 1，较少 = 2，一般 = 3，较多 = 4，很多 = 5

6.2.2　模型构建

6.2.2.1　Heckman 两阶段模型

将农牧民公平感知的两个阶段——是否公平和公平程度引入模型进行估计，模型构建如下：

$$y_{i1}^{*}=x_i'\alpha+\mu_i \quad y_{i1}=\begin{cases}1, & 当\ y_{i1}^{*}>0\ 时\\ 0, & 当\ y_{i1}^{*}\leqslant 0\ 时\end{cases} \tag{6-1}$$

$$y_{i2}^{*}=z_i'\beta+\varepsilon_i \quad y_{i2}=\begin{cases}可观测值, & 当\ y_{i2}^{*}>0\ 时\\ 不可观测值, & 当\ y_{i2}^{*}\leqslant 0\ 时\end{cases} \tag{6-2}$$

上述式（6-1）代表模型的选择方程，式（6-2）代表模型的结果方程。其中，公式代码含义分别是：y_{i1}^{*} 和 y_{i2}^{*} 为潜变量，y_{i1} 和 y_{i2} 为模型的因变量，x_i' 和 z_i' 为模型的自变量向量；α 和 β 为待估计系数，μ_i 和 ε_i 为残差项，i 为第 i 个样本。根据上述两个公式，构建无条件概率模型如下：

$$prob(y_{i1}=0 \mid x_i,\ z_i)=1-\Phi_1(x_i'\alpha) \tag{6-3}$$

$$prob(y_{i2}=0,\ y_{i1}=1 \mid x_i,\ z_i)=\Phi_2(-z_i'\beta,\ x_i'\alpha,\ -\rho) \tag{6-4}$$

$$prob(y_{i2}=1,\ y_{i1}=1 \mid x_i,\ z_i)=\Phi_2(-z_i'\beta,\ x_i'\alpha,\ -\rho) \tag{6-5}$$

上述式（6-3）至式（6-5）中，$\Phi_1(x)$ 代表标准正态分布函数，$\Phi_2(x)$ 代表累计二元正态分布函数。根据研究的目的与数据的分析，将 y_{i1} 和 y_{i2} 分别作为农牧民是否公平和公平程度的因变量，将 x_i，z_i 分别作为个体特征、家庭特征、地理区位特征的各变量及识别变量，其中，识别变量是为保证式（6-1）估计的可识别性，在式（6-1）中至少要包含一个不在式（6-2）中出现的变量，且这些变量对式（6-1）因变量存在着直接的影响效应，但对式（6-2）因变量不存在直接的影响效应，这些变量就是模型中的识别变量。由式（6-3）至式（6-5）将研究模型扩展如下：

$$prob(y_{i1}=0 \mid x_i,\ z_i)=1-\Phi_1(\alpha_0+\sum_{k=1}^{16}\alpha_k x_{ki}) \tag{6-6}$$

$$prob(y_{i2}=0,\ y_{i1}=0 \mid x_i,\ z_i)$$

$$=\Phi_2(-\beta_0-\sum_{k=1}^{14}\beta_k z_{ki},\ \alpha_0+\sum_{k=1}^{16}\alpha_k x_{ki},\ -\rho) \tag{6-7}$$

$$prob(y_{i2}=1,\ y_{i1}=0 \mid x_i,\ z_i)$$

$$=\Phi_2(\beta_0+\sum_{k=1}^{14}\beta_k z_{ki},\ \alpha_0+\sum_{k=1}^{16}\alpha_k x_{ki},\ -\rho) \tag{6-8}$$

上述式（6-6）至式（6-8）中，α_0 和 β_0 是常数项。

6.2.2.2 内生转换回归模型

Heckman 两阶段模型虽然可以解决不可观测变量产生的偏误，但第 i 个农牧民是否公平和公平程度对农牧民收入的影响机制可能会有差异，因此，为了增强说服力，进一步使用基于内生转换模型的公平感知对农牧民收入影响的处理效应估计。该部分探究高水平公平感知程度[①]对农牧民收入的影响，可构建农牧民收入模型：

$$Y_i=X_i\alpha+Z_i\beta+\varepsilon_i \tag{6-9}$$

式（6-9）中，Y_i 为农牧民家庭收入，X_i 为农牧民个人异质性、家庭异质性、环境异质性，Z_i 为农牧民是否属于高水平公平感知程度的虚拟变量，α 和 β 为待估参数，ε_i 为误差项。需要注意的是，农牧民的高水平公平感

① 本文中农牧民高水平公平感知程度界定为农牧民的“高公平感”。

知程度不属于外生变量，原因有两个。一是公平感知属于农牧民的自选择；二是可能存在不可观测变量，且同时影响着是否高水平公平感知与农牧民收入。因此，运用最小二乘法估计高水平公平感知对农牧民收入的影响将会产生有偏的估计系数。为了解决选择性偏误问题，运用内生转换回归模型进行估计，能够控制可观测变量与不可观测变量的异质性问题，有效解决样本选择偏误。

内生转换回归模型的两阶段设计思路如下。首先，对选择方程进行估计，即农牧民高水平公平感知的模型估计；其次，对结果方程进行估计，即分别运用农牧民高水平公平感知和农牧民低水平公平感知两个子样本，构建两组农牧民收入模型，估计方程如下：

$$Z_i = W_i \eta + \omega_i \tag{6-10}$$

$$income_{i1} = X_i' \beta_{i1} + \varepsilon_{i1}, \quad if \quad Z_i = 1 \tag{6-11}$$

$$income_{i0} = X_i' \beta_{i0} + \varepsilon_{i0}, \quad if \quad Z_i = 0 \tag{6-12}$$

式（6-10）至式（6-12）中，$Z_i = 1$ 为农牧民属于高水平公平感知，$Z_i = 0$ 为农牧民不属于高水平公平感知；$income_{i1}$ 和 $income_{i0}$ 分别属于高水平公平感知与低水平公平感知的农牧民的家庭收入；X_i' 为解释变量，ε_{i1} 和 ε_{i0} 为随机误差项。为使模型识别更准确，引入“居住时间”为农牧民是否属于高水平公平感知的工具变量，居住时间会影响农牧民对公平的态度与行为，但不会直接影响农牧民收入。经检验，居住时间变量对农牧民是否属于高水平公平感知具有显著影响，但对农牧民收入没有直接影响，满足工具变量的选取条件。

基于以上内生转换回归模型的方程（6-11）和方程（6-12），属于高水平公平感知的农牧民和不属于高水平公平感知的农牧民收入的方程可以表述为

$$E(income_{i1} \mid urban\_\ integration_i = 1) = X_i \beta_1 + \sigma_{1\mu} \lambda_{1i} \tag{6-13}$$

$$E(income_{i0} \mid urban\_\ integration_i = 1) = X_i \beta_0 + \sigma_{0\mu} \lambda_{0i} \tag{6-14}$$

对于高水平公平感知的农牧民而言，其收入的 ATT 是方程（6-13）与方程（6-14）相减得到的：

$$ATT=E[income_{i1} \mid Z_i=1]-E[income_{i0} \mid Z_i=1]=X_i(\beta_{i1}-\beta_{i0})+\lambda_{i1}(\sigma_{\upsilon 1}-\sigma_{\upsilon 0}) \quad (6-15)$$

6.3 青海省农牧民公平感知对增收效果的影响研究

6.3.1 青海省农牧民公平感知高低的划分

6.3.1.1 主成分分析

主成分分析部分采用因子分析方法，从分配公平、程序公平和人际公平、信息公平这四个维度分别对公平感知这一变量进行详细测量，通过这一测量方法进一步分析青海农牧民的内在公平感知状况。针对青海农牧民公平感知的维度测评，这些概念的界定是为了更好测量青海农牧民内在公平感知的水平，这些测量的指标项在问卷中均以主观态度为主的问题进行调查，农牧民自身对每道题的不同感知按照李克特五级量表的标准逐一打分，然后对这些问项给出的分数进行相关处理。

该部分采用 SPSS22.0 软件对原始数据进行了标准化处理，首先计算 *KMO* 值为 0.701，且 Bartlett 球形度检验的 p 值是小于 0.05 的，收集到的样本数据是适合做因子分析的；其次对因子进行旋转后采用最大方差法，用主成分方法提取特征根大于 1 的公因子，发现累计贡献率为 67.37%；最后选取的权重以公因子的方差率为标准，对公平感知的各维度的因子进行加权求和，就能够计算出每个调查样本公平感知的指数。为了方便进一步分析，根据公平感知的数据分析，找到极值点与均值点，将公平感知的水平高低分为高公平感知与低公平感知，处于均值与极高值之间的是高公平感知的分值，处于极低值与均值之间的是低公平感知的分值，即当极低值≤公平感知<均值时，公平感知的值为 0；当均值≤公平感≤极高值时，公平感知的值为 1。其中，高水平的公平感知程度为 1，低水平的公平感知程度为 0。

6.3.1.2　农牧民是否感知到公平与公平程度分析

运用Stata13.0运行Heckman两阶段模型，同时估计农牧民是否感知到公平与公平程度，详细的数据分析结果可以在模型估计中体现，见表6-2。从数据分析的结果中可以发现，wald卡方值在1%的显著性水平下通过检验，这表明选择的该模型的方程在拟合过程中是趋于较理想状态的。另外，从逆米尔斯比率这一值可以看出，在1%的显著性水平下通过检验，表明样本确实存在选择性偏误问题，需要通过Heckman两阶段研究方法处理存在的这一偏误问题。下面就针对这一问题详细进行分析研究。

表6-2　Heckman两阶段模型的数据估计结果

变量名称	是否感知到公平		公平程度	
	系数	标准差	系数	标准差
个体异质性				
受访者性别	0.435**	0.202	-0.116**	0.050
受访者年龄	0.002***	0.001	0.000*	0.000
年龄的平方值	-0.183***	0.052	-0.015	0.011
受访者受教育水平	0.777**	0.392	-0.062	0.069
受访者健康状况	0.384	0.277	-0.021	0.075
参与技能培训	0.149**	0.081	-0.016	0.019
参与乡村社会活动	1.101***	0.270	-0.049	0.073
家庭异质性				
家庭借款难度	-0.744**	0.365	-0.551***	0.089
家庭的亲朋好友数	-1.189***	0.431	-0.574***	0.128
农牧业机械数量	-1.141***	0.152	-0.302***	0.056
家庭劳动力数	-0.133*	0.081	0.028	0.021
地理区位异质性				
海南州	0.137*	0.110	0.110	0.025
海西州	0.213**	0.121	0.052**	0.025
黄南州	0.031*	0.106	-0.083	0.024
果洛州	0.099*	0.100	0.099***	0.022
常数项	5.935***	1.477	1.591***	0.317

续表

变量名称	是否感知到公平		公平程度	
	系数	标准差	系数	标准差
识别变量				
到当地州府的距离	-0.309**	0.132		
当地成熟产业	0.440***	0.118		
逆米尔斯比率	0.399***	0.125		

注：*、**、***分别表示通过显著性水平为10%、5%、1%的统计检验。

（1）个体异质性

由表6-2可知，就农牧民是否感知到公平而言，除了健康状况以外，受访农牧民的性别、年龄、受教育水平、参与技能培训和参与乡村社会活动对其是否公平均有不同程度的显著影响。其中，性别在5%的水平下显著呈正相关关系，说明男性确实更容易感知到公平；年龄与是否感知到公平呈正相关关系，而年龄的平方值与是否感知到公平呈负相关关系，表明年龄与是否感知到公平存在倒U形关系；受教育水平、参与技能培训和参与乡村社会活动分别在5%、5%与1%的显著性水平下呈正相关关系，说明文化水平越高、掌握一些技能或愿意参加各类活动的农牧民，其适应各类生计方式的生活能力越强，更倾向于感受到生活中的公平待遇。就农牧民公平程度而言，农牧民性别与年龄对公平程度有显著影响。这表明男性农牧民与女性农牧民感受到的公平程度存在差异，且不同年龄的农牧民对公平程度同样存在差异性。

（2）家庭异质性

由表6-2可知，就农牧民是否感知到公平而言，受访农牧民家庭的亲朋好友数、农牧业机械数量在1%的水平下显著且呈负相关关系，对是否公平有显著影响。同时，就农牧民公平程度而言，农牧民家庭的借款难度、亲朋好友数、农牧业机械数变量对公平程度均有不同程度的显著影响。值得注意的是，家庭亲朋好友数与农牧业机械数量对农牧民公平程度具有负向影响，这与前文假设及实际调研均相符，原因可能是，如果家庭中的亲朋好友较多或具有相对充足的农牧业机械，且家庭和其亲朋好好大多拥有自己的草场或土地，则整个家庭会更倾向继续从事农牧业，从而对公平程度的感受存在差异性。

（3）地理区位异质性

从地理区域角度分析，根据地理位置远近，将距离青海省会西宁市最远的玉树州作为参照组。由表6-2可知，对于农牧民是否感知到公平来讲，不同地区农牧民是否感知到公平与公平程度也表现出不同，研究发现，相对于玉树州，果洛州、海南州和海西州等地区的农牧民更加倾向公平与平等的生活，说明他们更容易感受到公平，其中，最突出的是海西州，在5%的显著性水平下呈正相关关系。另外，农牧民公平程度也存在不同程度的差异，相对于玉树州，只有黄南州和果洛州两个地区的公平程度相对较弱。究其原因，一是海西州在柴达木盆地打造循环产业集群，在绿色发展方面走在前列，这对农牧民感受生活中平等待遇带来信心，起着决定性作用；二是黄南州和果洛州的农牧民对农牧业的依赖度较高，在一定程度上阻碍了感受公平的程度。

（4）识别变量

表6-2中数据分析结果是模型的估计结果，到当地州府的距离与当地成熟产业两个识别变量分别在5%和1%显著性水平下通过检验，这说明该模型的所有识别变量是比较适合于当前选择模型的，识别变量选择是有效的。到当地州府的距离和当地成熟产业这两个识别变量均对农牧民是否公平有显著影响。农牧民离所在州府的距离越近，会带来各种生活方面的便利，越有可能感受到公平；农牧民居住地拥有的产业发展越成熟，农牧民在当地就业的平台就越多，就业机会自然就越多，青海农牧民在选择生计方式时也会考虑不同的行业或者尝试新兴行业，其越容易感受到公平的待遇。

（5）边际效应

根据上述分析模型，进一步探究农牧民是否感知到公平与公平程度这两个变量的边际效应分析，见表6-3。

表 6-3 模型的边际效应数据估计结果

变量名	是否感知到公平	公平程度
受访者性别	0.111** (0.049)	-0.094** (0.043)
受访者年龄	-0.005*** (0.002)	0.006*** (0.002)
受访者受教育水平	0.125* (0.081)	-0.086 (0.067)
受访者健康状况	0.052 (0.020)	0.007 (0.016)
参与技能培训	0.149*** (0.035)	0.165*** (0.032)
参与乡村社会活动	-0.011 (0.020)	0.038* (0.020)
家庭的亲朋好友数	0.110 (0.077)	-0.069 (0.071)
家庭借款难度	-0.108* (0.064)	-0.113** (0.060)
农牧业机械数量	-0.116* (0.089)	-0.464*** (0.079)
家庭劳动力数	-0.042* (0.104)	-0.317*** (0.108)
其他变量	略	略

注：①*、**、***分别表示通过显著性水平为10%、5%、1%的统计检验；②为了减少烦冗，在此省略了其他变量的估计结果。

由表6-3可知，个人异质性中受访者年龄、性别、受教育水平及参与技能培训每提高1个单位，农牧民是否感知到公平的概率分别降低0.5%与提高11.1%、12.5%、14.9%，相应地，随着农牧民性别、年龄及参与技能培训每提高1个单位，农牧民公平程度的概率会降低9.4%与提高0.6%、16.5%。与此同时，家庭异质性中家庭借款难度、农牧业机械数量和家庭劳动力数每提高1个单位，农牧民是否感知到公平的概率分别降低10.8%、11.6%和4.2%，而家庭借款难度、农牧业机械数量和家庭劳动力数每提高1个单位，农牧民公平程度的概率分别降低11.3%、

46.4%、31.7%。

6.3.2 高公平感知对青海省农牧民家庭收入的影响

运用内生转换回归模型估计高公平感知对农牧民家庭收入的影响，模型估计结果见表6-4。其中，参数$\rho_{\mu0}$和$\rho_{\mu1}$分别在5%与1%的水平下通过了显著性检验且值并不等于零，存在由不可观测变量产生选择性偏误问题，需要采用内生转换回归模型调整与纠正，否则会存在偏估计系数。模型回归结果显示，$\rho_{\mu0}<0$说明存在负向选择性偏误，与之相反，$\rho_{\mu1}>0$说明存在正向选择性偏误，这表明农牧民公平感越高，则家庭收入水平也越高。这与实际调研相符，家庭收入较高的农牧民，其收入渠道宽，生计能力较强，这主要来源于对当地各方面公平感较高，适应当地生活，反之亦然。

表6-4 农牧民的高公平感知对家庭收入的影响

变量名	高公平感知模型		家庭收入			
			低公平感知		高公平感知	
	系数	标准差	系数	标准差	系数	标准差
个体异质性						
受访者性别	-0.193	0.175	-0.208*	0.142	0.219*	0.123
受访者年龄	0.029	0.032	-0.017	0.030	0.005	0.022
年龄的平方值	-0.000	0.000	0.000	0.000	-0.000	0.000
受访者健康水平	-0.278	0.234	0.106	0.173	0.019	0.185
受访者教育状况	-0.058	0.172	-0.157	0.131	-0.056	0.121
参与技能培训	-0.623***	0.138	-0.413**	0.177	-0.054	0.090
参与乡村社会活动	0.208***	0.080	0.160***	0.064	-0.095**	0.048
家庭异质性						
家庭的亲朋好友数	-0.382	0.274	-0.305	0.287	0.081	0.173
家庭借款难度	-0.555**	0.241	-0.646**	0.270	-0.062	0.144
农牧业机械数量	-1.905***	0.337	0.102	0.320	0.890***	0.273

续表

变量名	高公平感知模型		家庭收入			
			低公平感知		高公平感知	
	系数	标准差	系数	标准差	系数	标准差
家庭劳动力数	-1.069**	0.430	0.112	0.338	0.549	0.397
地理区位异质性						
海南州	-0.074	0.122	-0.065	0.103	-0.024	0.078
海西州	0.190*	0.112	-0.063	0.095	-0.120*	0.069
黄南州	-0.431***	0.084	0.070	0.084	0.218***	0.057
果洛州	0.328***	0.075	-0.082	0.068	-0.116*	0.049
常数项	0.109**	0.052	9.006***	0.997	8.535***	0.649
工具变量						
搬迁后城镇居住时间	0.782	0.943				
$\rho_{\mu0}$（或 $\rho_{\mu1}$）			0.738	0.085	0.838	0.052
LR test of indep. eqns.	10.930***					
Log likelihood	-553.733					

注：*、**、***分别表示通过显著性水平为10%、5%、1%的统计检验。

接下来进一步考虑高融入度的*ATT*，表6-5为高公平感知对农牧民收入影响的平均处理效应，通过内生转换回归模型消除选择性偏误后，发现*ATT*为2.04，且都在1%的水平下显著，说明在克服自选择的内生性问题后，高公平感知有助于农牧民收入提高25.14%。

表6-5　农牧民的高公平感知对收入影响的*ATT*

农牧民收入	均值		*ATT*	标准差	变化率（%）
	高公平感知	低公平感知			
	8.01	7.76	2.04	0.12***	25.14

注：***表示通过显著性水平为1%的统计检验。

6.4 本章小结

本章意在探究农牧民公平感知对增收效果的影响，在大量文献研究成果的基础上，将农牧民增收效果通过农牧民收入表征，利用 Heckman 两阶段模型和内生转换回归模型，通过构建农牧民是否感知到公平和公平程度两阶段模型，以此揭示农牧民公平感知这一内在行为对农牧民收入的影响，评价不同公平感知水平高低对农牧民收入的影响差异。

第7章

公平视角下青海省农牧民增收的保障措施及对策建议

根据之前章节的研究，从理论与实证角度分析并验证了公平视角下青海农牧民的增收问题，探寻并凝练了影响青海农牧民增收的主要因素，对于这些因素还需要有切实可行的保障措施。因此，本章立足于增收的保障措施，从制度、产业、生计、公共社会服务等方面分别探究青海农牧民如何实现增收，同时，为了使保障措施更接地气，针对各种保障措施，分别采取了具体的对策建议，从而为青海农牧民增收提供科学系统、高效可行的建议。

7.1 制度与政策保障

在新制度经济学理论中，交易成本与产权成为两项重点研究内容，制度能对人类行为进行约束，并提出严格要求，以法令、规范、礼俗等方式表现，在不同的历史条件下会发生改变。制度作用体现于三个方面：一是对社会财富与经济收入的分配方式做出规定；二是创建体制框架，控制交易费用；三是在资源匮乏的环境下进行竞争，提供良好的保护机制。

7.1.1 规范收入分配制度管理，建立农牧民增收环境优化制度

农牧地区的收入分配制度是指以农牧地区农牧业政策为支撑的农牧业生产关系、产权关系、经营形式和组织类型等共同构成的综合体。一个完整的收入分配制度不仅能持久地促进农牧业的发展，也能让农牧民获得更高的收入，是农牧业制度发展的有效体现形式。在青海省，要想实现整个地区社会经济的可持续发展，或是使农牧民的收入稳定增长，必须反复对

当前的农牧业制度进行调整、创新。

（1）营造增收的公平环境

实现收入分配上的公平正义，是时代发展的要求，也是社会各界的普遍愿望，有助于促进社会公平正义。公平增收环境的本质是要坚持按劳分配原则，完善按要素分配的体制机制，促进收入分配更合理、更有序。这可以通过提高劳动报酬占比，缩小收入分配差距来实现。一是在初次分配中提高劳动报酬占比，通过提高工资性收入，体现劳动要素在分配中的比重；二是通过市场机制和政府宏观调控，解决不同所有制企业、不同行业和地区之间劳动者工资收入差距过大问题，重点解决中小微企业、灵活就业中的普通劳动者劳动强度大、劳动时间长、工资水平低、支付无保障和就业不稳定的问题；三是提高劳动者的正规就业率。同时，统筹体制内外职工工资决定和调整机制。

（2）扩大中等收入群体

党的十九大报告提出："鼓励勤劳守法致富，扩大中等收入群体。"中等收入群体数量的增加，能逐渐实现经济社会的均衡发展。在社会生活中，中等收入群体是指一些收入在所有人中保持中等水平、有着稳定工作的人，这部分人的基本居住条件得到了满足，能享受到必要的公共服务，有一定的家庭储蓄，财产收入保持中等水平，他们的消费不只是局限于基本生存需求方面。如果以这样的标准确定中等收入群体，并逐渐扩大其规模，社会结构就呈现出橄榄形，经济社会逐渐向着均衡化的方向发展，进而实现全体人民共同富裕的目标。应该意识到，这是一个动态发展过程，很难协调好公平与效率之间的关系，也无法同时保证社会稳定与经济发展。一是在劳动生产率不断提高的基础上，解决不断扩大的收入差距问题，彻底消除收入分配不公的体制和机制。二是提高劳动报酬在初次分配中的比重。提高劳动报酬占比，是扩大中等收入群体最直接、最有效，而且反过来可促进和提高劳动生产率的方式。提高劳动报酬占比需要提高就业正规化率，健全工资增长机制，保持在劳动生产率提高的基础上增加工资收入。三是持续增强创新能力，增加研发投资，推动民营企业的技术创新，并完善创新的制度环境。四是通过提升人力资本扩大中等收入群体，可以大力实施企业创新战略，打通经济社会和科技发展的通道，让市场真正成为创新资源配置的主导力量，同时，要注重通过提高财产性收入，扩大中等收入群体。五是采取“提低”而不“限高”的策略，扩大中等收入群体，通过多措并举，稳定已经进入中等收入群体的人群。

（3）完善消除收入分配不公的制度建设

不公平的收入分配制度是造成我国不同群体收入差距越来越大的根本原因，会对社会和谐与稳定造成不良影响，不符合社会主义公有制的属性，难以体现出公平与正义。一是改变按劳分配的机制。当市场制度逐渐由弱变强，市场机制发挥出越来越重要的作用时，我国的按劳分配制度逐渐发生了改变，不再受到集中计划体制的影响，逐渐体现出市场经济的特色。在解决经济收入分配问题方面，市场起到了重要作用，不同地区、部门、企业占有生产要素或资源的差异，要求对按劳分配有所区分。二是单一的按劳分配向多种分配制度的转型。通过按劳动力产权分配实现按劳分配与按生产要素分配的有机结合。三是建立产业兴业激励政策。加大财政投入力度，加大培训补贴力度，并引导企业、社会注重共同参与培训工作，建立提高职业农民地位和价值的激励机制，将农民的权益保障纳入规范化和法治化轨道。

7.1.2　加强惠农惠牧政策资金投入的监管与效益评价

为了科学评价惠农惠牧政策效应，充分发挥各类专项资金的投入效益，在科学设计惠农惠牧政策的基础上，还需要关注对各项惠农惠牧政策专项资金的全面管理与监督机制。

（1）建立惠农惠牧政策专项资金的专户管理制度

为避免各级政府及相关部门低效、不合理地使用专项资金，应建立各级惠农惠牧政策资金的专户，实行专人负责、专账管理。每年定期可根据本级财政收入的入库进度，从中提取一定的比例并在第一时间内将其划转至惠农惠牧政策资金账户中，使惠农惠牧政策在执行过程中能获得资金方面的支持。在下拨、支付两大环节中，要增强上下级财政专户衔接的紧密性，在国库的统一管理下进行结转、划拨，避免在某一个环节出现截留、滞留等情况，使专项资金能及时到位，使之发挥出良好的效益。在拨付与使用这笔资金的过程中，要以规范化的方式记载会计科目，为监管提供有利条件。

（2）要对惠农惠牧政策专项资金进行合理有效的会计核算

惠农惠牧政策在执行过程中需要得到专项资金的支持，不管是资金筹措还是分配，抑或是产生效益，每个环节都要及时进行会计核算，这也是政策检查体系中的重点内容。因此，要在总体核算的基础上，对每种类别的惠农惠牧政策资金进行准确核算，不仅能更加全面、准确地体现出工程项目在执行过程中是否科学与合理；也能还原每笔资金的由来与去处，为工程项目考核与评价提供依据，成为一种重要的管理手段。

（3）要加强对专项资金进行审计

在惠农惠牧政策执行过程中，或是相关工程项目在执行过程中，要把专项资金监督与管理当成重点。对专项资金使用情况进行审计，不能只是把事中、事后当成重点环节，还要把更多精力用于事前审计方面，就是在项目没有正式落地之前的预算制定过程中进行审计，使审计工作能发挥出未雨绸缪的作用，避免出现损失，使审计工作被动、滞后等情况得到改善，对资金使用情况进行全程、动态监控，在每个环节都要提高透明度，发挥出民主监督的作用，实现专项资金分配与使用的合理性，这将成为青海省民主政治建设中的重点工作。

（4）对惠农惠牧政策创建良好的评价体系

对惠农惠牧政策的执行效益做出评价，就是要对各项目在建设之后能否促进区域内农业的发展，能否使农牧民收入得到切实增加，能否使农村社会经济实现快速发展进行评价。在创建评价体系过程中，要设立两种类型的指标，即通用指标、专用指标。前一类指标能体现出政策专项资金取得了怎样的效益、达到了怎样的规模，准确地对惠农惠牧政策的执行效果进行描述等；后一类指标不仅要从农业产业化、现代化、科技化等方面入手进行评价，也要关注抗灾救济工作在开展中取得了怎样的效果，进而体现出政策获得了怎样的绩效。在对惠农惠牧政策进行评价时，要从经济、社会、环境等方面入手做出评价。在经济方面，要重点关注财务运行情况；在社会方面，要关注惠农惠牧政策是否促进了区域内的社会经济发展；在环境方面，要关注生存环境发生了怎样的改变，分析政策在执行过程中能否创建完善的生态循环系统。在考评过程中，要根据每项指标相对应内容的轻重程度对其进行赋值，也可以通过调查、问卷等形式搜集到更全面的数据资料实施考评。

7.1.3 规范政府行为，增强宏观调控的公平性，形成长效增长机制

在新古典经济学领域，对不完全信息这种情况做出了深入解释，这种情况贯穿市场经济运行的整个过程中，如果只是用市场进行调节，那么社会经济发展不仅难以实现既定的发展目标，也不能获得更高的收益。当前，青海农牧地区市场经济体系尚不健全，各项保障体制尚不完善，某些方面还存在生产盲目性和资源浪费等现象，它对促进青海农牧地区社会经济发展和农牧民持续增收形成了一定的障碍。针对这种情况，政府要及时进行指导，进行宏观调控，避免受到不确定性因素的干扰，增强管理的针对性。

（1）起到宏观调控作用

青海省在农牧业发展过程中，要对拥有的生产资源与要素进行合理分配，增强其流动的有效性。然而，将更充足的生产要素与资源引入农牧业部门却比较困难，一旦引入，农业或牧业生产经营过程中就会出现成本高、资源匮乏、要素不足等问题，不利于农牧民经济收入的增加。上述由体制引起的问题应该得到及时解决，政府层面既要从整体上进行调控，也要起到良好的协调作用，从农技服务、农产品定价、生产资料分配等方面进行有效分配、调整，严格按照市场发展规律进行管理，增强经济运行的平稳性，使物价保持稳定，由此维护农牧民利益。

（2）起到示范引领作用

在资源配置方面，市场经济存在着弊病，如浪费、滞后、随意等，政府不仅要更好地发挥宏观调控作用，也要进行及时指导，遵循前瞻性、灵活性等原则制定政策，在该种什么、该养什么等方面，不再机械地下发行政命令，而要在充分尊重农牧民生产经营自主权的基础上，更好地发挥政府引导、示范推动和服务协调等职能。同时，注重对新时期青海农牧地区农村致富带头人和科技示范户的培养与扶持，以促进和发挥其积极的辐射带动功能，实现青海农牧民全面、持续、快速增收。

（3）反复调整科学决策机制

当前青海省制定和执行惠农惠牧政策都不会过多关注农牧民的意见，很少会在农牧民群体中组织听证活动。如果政策在制定与落实过程中忽略了利益主体的意见，或是利益代表参与不足，就会出现可行性、执行性较差等情况，不能形成共识，也不会被农牧民理解，政策难以顺利执行，即使强制执行，也难以产生良好效果。从本质上来看，每项公共政策都会引发多个利益集团的纷争，必定有人要妥协，也会有人获益。规范政府行为一方面让政府不只是实施行政干预，明确在哪些方面要“有所为”，也要意识到在哪些方面“有所不为”；另一方面政府部门要提供良好服务，也要努力协调多方利益，形成良好的利益决策机制，使农牧民能为惠农惠牧政策的制定与执行提出合理建议并参与其中，增强政策有效性。

7.2 产业保障

7.2.1 优化农牧业产业结构，加快推进当地产业融合

（1）对畜牧业结构进行调整，积极发展生态化、现代化畜牧业

畜牧业生产主要包括两大环节，即生产牧草与牲畜，在构建草原生态系统过程中，牧草是必要的物质保障。在畜牧业生产过程中，牲畜的种类、数量等都要与牧草保持一致，否则将会制约畜牧业的发展。为此，要

对牧草、畜种结构进行优化调整，做出差异化的选择。青海农牧地区在畜牧业发展过程中体现出了天然、绿色等优势，要以优质优价为目标对产业进行调整，使产业发展逐渐实现少而精，不致发生草原退化的现象，增加农牧民收入，增产增效，以畜富民。

（2）以多种方式为农牧产业升级发展提供助力

一是培育龙头企业，创建大规模的青海农牧地区产业集聚区，增进农牧户之间的联系，使农牧业能早日形成发展规模；二是在乡村振兴战略推行的背景下，培育更多的农牧地区品牌；三是在农牧地区农牧业集群发展中要极力展现特色，力争形成规模效益，使更多中小企业、合作社等实现发展；四是把一些能展现民族特色、具有传统气息的农牧业与旅游业等相整合，使民宿经济、农家乐等都能实现快速发展，从整体上实现青海省农牧民收入增加。

（3）加强第一、第二、第三产业之间的交互融合

农牧产业与其他产业之间的交互融合会有力推动各产业发挥最大优势。一是深化产业融合，使青海农牧地区第二、第三产业能享受到第一产业的发展红利，创造具有更高价值的农产品与畜产品；二是开发出更多能促进农牧业发展的资源，要把农牧业与旅游等产业相整合，为传统产业的发展提供支持，为劳动力转移开辟新路径；三是支持农牧业电商、物流等行业的发展，创建庞大的销售网络，把农牧产品引向更广阔的市场。

7.2.2　发挥生态资源优势，培育农牧民增收特色支撑产业

（1）做好特色产业的发展规划

按照“扶优、扶大、扶强”的原则，扶持壮大农牧业产业化龙头企业，把优势产业培育成龙型经济，促进特色农牧业发展。规划做到：一是更好地利用畜牧业资源，对有机畜牧业的发展予以扶持，创建大规模有机畜牧业基地，根据基地特色培育良种，把放牧、育肥等多个环节整合到一起，创建一体化生产模式，使产业链得到有效延长，让畜产品附加值得到有效提高，使农牧民获得更高收入；二是立足青海农牧地区药材资源优

势，把传统藏药学发扬光大，既要体现出产业优势，也要运用先进的生产工艺，研发出更多新产品，使藏医药业能早日成为青海的龙头产业；三是依据青海农牧地区旅游资源的优势，做大做强旅游业，旅游业与多个产业相关联，尤其能促进民族文化产业、交通业等的发展。

（2）在生态旅游业发展过程中，要发挥出生态资源与区域比较优势

在生态资源禀赋方面，青海农牧地区本身占据优势，理应把生态旅游业当成重要关注点，为青海农牧地区的经济建设提供支撑，使更多农牧民能借此实现脱贫致富。如果能把旅游业做大做强，则将产生良好的协同效应，能对商业、服务业等产业发展起到带动作用，能使更多农牧民找到适合自己的工作，促进区域内的经济发展，达到增加群众收入的目的。一方面，青海农牧地区旅游资源较为丰富，借助这些资源开展不同类型的旅游活动，使农牧民能利用自己身边的资源积极发展"农家乐""牧家乐"等，发展家庭生态旅游业，这样不仅能使当地生态压力得到缓释，也能为农牧民带来更高的收入，帮助他们实现人生价值；另一方面，种植与畜牧两大产业能创造更多的农产品和畜产品，其衍生功能体现在市场、休闲等多个方面，能增加产品的附加值。

（3）促进野生资源型产业的发展

从全球范围内农业产业的发展形势来看，野生资源型产业将拥有无限广阔的发展市场，发展潜力比较大。近几年，国内外多个地区掀起了野生植物消费热潮，但市场供应量不及时。之所以会出现这种情况，是因为野生植物在生长过程中没有受到污染，属于典型的无公害产品，有着较高的营养价值，人工栽培植物无法比拟。青海农牧地区以草原居多，草原有着丰富的资源条件，应利用这一资源优势，主动适应市场需求，拓宽眼界，但也应该意识到，野生资源型产业在发展过程中不能失控，要将其调整到合适的范围内，避免对青海省良好的生态环境造成破坏。因此，在对这一产业进行开发与管理时不能采用粗放型模式，而应该在自身承受力允许的范围内以集约化的方式进行开发，增强产业开发的有序性。例如，草原沙葱口感独特，应该将其进行重点开发。

7.2.3 夯实当地产业融合发展基础

（1）为农牧地区产业融合发展奠定基础

第一，要为青海农牧地区基础设施的完善持续投入更多的资金，使水电、通信、污染处理等方面的设施设备能及时更新，缩短本地与其他地区之间的差距；第二，从整体上对青海农牧地区基础设施建设工作的开展进行规划，以乡镇为中心对现有资源进行合理分配，使其得到充分利用；第三，把环境治理与生态优化当成重点工作来抓，让农牧地区变得更美；第四，对现有基础设施予以维护、保养，形成固定的管理制度。

（2）建立健全市场经济运行机制

一是青海农牧地区处于“三江源头”，在发展生态旅游业方面独具优势，为扶贫开发项目的建设与发展提供了有利条件。要把更多精力用于“农家乐”“牧家乐”等项目，从整体上进行规划部署，增强农产品与畜产品的特色。二是农牧地区龙头企业的引领作用既要增强，也要不断扩大科研基地的规模，提高农产品与畜产品的附加值，使农牧业能拥有更加完善的产业链条，由独立分散的家庭小规模生产逐渐转变为社会大规模生产。三是发挥西部地区物流中心的作用，在青海省周边地区创建一大批容量大、效率高的配送中心、加工中心、贮藏中心等，提高物流配送效益。四是在农牧地区创建完善的金融服务体系，从整体上发展区域内的金融产业。建议发展帮扶项目，尤其要为农户、小微企业等提供信贷帮扶，鼓励保险机构在青海农牧地区设立更多的服务网点，对农牧业保险进行创新，在发展中逐渐形成有效的风险补偿机制，为农牧民长效增收提供保障。

（3）创建优化产业结构的机制

一是农牧业与加工业的融合发展，有助于农畜产品的精深加工，为农产品与畜产品的初加工创建综合化示范基地，并对基地发展进行合理规划；二是农牧业与旅游业的融合发展，利用好青海农牧地区特有的草原资源优势，对草原旅游进行规划，从整体上对生态旅游产品进行开发与设计，从营销与开发等环节实现产业融合；三是农牧业与互联网融合发展，助力于青海农牧地区区域的电商发展，在镇村建设多个物流节点。

（4）从整体上增强农牧业技术实力

一是抗病抗灾技术的升级，使农牧业在发展过程中能具备更强的抵御能力；二是为农牧业科技水平的提升投入更多资源并形成机制，使现代农牧业得到更好的发展；三是在青海农牧地区发展经济机构，以农牧民专业合作为基点打造完善的农产品与畜产品生产和销售体系，在对流通环节进行简化的同时控制流通费用，使农牧业实现平稳发展。

7.3 生计保障

7.3.1 为农牧民提供公平的生计环境

（1）创造农牧业科技创新环境

一是科技创新，以技术强化风险抵御能力；二是不断提升农牧业科技水平，不断增加投入并形成完善的机制，为现代农牧业发展提供保障；三是为专业合作经济机构的发展提供有利条件，在专业合作机构的支撑下创建农畜产品市场体系，对产品流通环节进行精简处理，把流通费用控制到最低限度，实现收入增加。

（2）为农牧业产业发展提供良好环境

一是深化三产融合，让第二、第三两大产业能从第一产业中获得资源优势，使农畜产品能拥有更高的附加值；二是促进产业升级，体现出民族传统产业的优越性，尤其是青海农牧地区生态旅游资源、传统手工业、农牧业资源等都是宝贵的财富，也要为劳动力转移开辟新渠道；三是在发展农牧业电商产业的同时发展物流企业，为农畜产品销售搭建网络平台，拓宽产品销售渠道，扩大销售范围，使农牧民能通过新的方式实现收入增加。

（3）为农牧民提供更优越的就业环境

一是要稳固脱贫攻坚成果，使青海农牧民的收入切实提高；二是发挥农牧地区内在生态资源方面的优势，围绕农牧业发展服务业，尤其是展览业、物流配送业等，这些产业的发展既能为当地人创业创造提供有利条件，也能达到保护生态环境的目的；三是组织农牧民进行培训活动，更好地促进产业升级，实现农牧民素质的提升，创建完善的培训体系，将劳务市场与产业发展衔接到一起；四是为青海农牧民营造平等的就业氛围，只有就业才能让农牧民过上更好的生活。

（4）拓宽融资渠道，为农牧业与其他产业的融合发展提供资金保障

青海农牧地区经济发展水平比较低，要想让农牧民摆脱贫困的困扰，就要把基础设施建设、培养人才、优化产业等当成重点，并要为此投入更充实的资金。青海农牧民就业实力并不强，仅凭他们自身的能力难以积累更充足的资金，一定要拓宽融资渠道，以多元化的融资机制实现发展。一是增加财政拨款，使财政资金能为农牧地区的发展提供保障；二是金融创新，把更多的信贷产品投放到农牧地区，把更多的信贷优惠政策倾斜向民族地区，尤其要投放小额信贷，更好地满足农牧民贷款需求；三是对社会资本起到引导作用，把更多社会力量引入农牧地区基础设施建设上来；四是出台优惠政策，引导青海农牧民创业就业，最终实现农牧民稳定增收。

7.3.2 多渠道收入来源助推农牧民增收

（1）发展三产融合带动农牧民脱贫增收，增加经营性收入

一是要做精做强现代农牧业，着力发展科技农牧业、生态农牧业和绿色农牧业，以高效农牧业的示范带动作用，帮扶农牧民增收；二是要对网络发展模式进行创新，为传统农畜产品营销活动的发展注入活力，在物联网的带动下促进农牧业生产模式的升级，使网络新模式的发展红利能与更多农牧民分享；三是要以产业融合为突破口，让农牧业供给侧结构性改革能取得更大的成效，提升农牧业发展的科技水平，打造优秀的产品品牌，使企业能在农牧业的带动下积极发展旅游业，尤其要在农牧业领域培育龙头企业，使当前独立、分散的发展形势得到及时扭转，体现出规模化、集

约化经营优势，使农牧民收入有所增加，与此同时，还要扩大农牧地区农牧业保险产品的覆盖面，增强风险规避能力。

(2) 持续提高农牧地区农牧民收入，适时组织就业培训活动

一是拓宽培训覆盖面，尤其要培养一批勇于带头、敢于创新、善于经营的优秀人才，这样的人才具备较强的实用能力，能根据自身条件与区域资源进行创业创新，获得更充足的财富，提高自身的发展适应能力；二是形成青海农牧民就业帮扶机制；三是对青海农牧民创业提供良好服务并形成机制；四是为青海农牧民提供更宽广的创业路径。

(3) 确保所有惠农惠牧政策都能在青海农牧地区得到有效执行，使当地农牧民转移性收入得到有效增加

一是以惠农惠牧为中心形成长效管理机制，即使在各种成本不断提高的前提下农牧民收入也能有所增加；同时，要推行末端补贴政策，使惠农惠牧补贴资金能根据发展情况得到调整，根据农资价格的上涨提供更高的补贴，形成补贴递增机制，避免农资产品价格上涨对农牧民发展造成不良影响，使农牧民收入稳定增加。二是形成环保补贴机制，对青海农牧地区生态保护工作的开展提供补偿，以发放环保补贴的形式使农牧民收入得到增加。三是形成对口帮扶增收机制，具体到村、细化到户，根据每户的具体情况选择帮扶模式，使农牧民具备良好的“造血”功能，以“输血”式帮扶提升脱贫效果，形成长效、自然、动态增长机制，使一些本身不具备劳动能力的农户实现致富增收。四是提高保障能力，使农牧地区的社保体系变得更加完善，不断增加低保补贴，对养老保险基金标准进行调整，改善民生服务。

(4) 为农牧地区农牧民收入增加开辟新路径

一是在青海农牧地区推行综合改革，以改革为依托增加农牧民财产性收入，使村集体经济实力变得更强；二是青海农牧地区推行草场权、土地流转制，借助土地、草场获得更高的收益；三是对青海农牧地区专业合作社发展进行引领、规范，提高市场风险应对能力。

7.4　公共社会服务保障

7.4.1　落实公共社会服务的各类基础设施建设

（1）完善农牧地区基础设施建设短板补齐机制

一是对农牧地区交通事业的发展做出规划，帮助这些地区突破交通瓶颈；二是对村道建设进行合理布局，使乡村道路更加完善，实现普通公路与国道的对接，使乡村道路能与高速公路共同创建庞大的交通网络；三是在农牧地区建设供水管网，与城镇供水管网相对接，以管网建设解决农牧民饮水问题；四是在农牧地区推行移动工程项目、村村通光纤项目，积极建设大数据平台；五是在农牧地区建设电网项目，使所有农牧民都能在生产生活中用到电；六是提高公共服务供给质量，创建农牧业物联网，使农牧地区生产能早日告别粗放型管理，实现集约化生产；七是发展生产性服务项目，尤其是公共交通、水利设施、农牧业技术服务等。

（2）把基础设施建设与维修提升到制度层面

首先，青海农牧地区如果能为基础设施建设投入更多的资金并取得成效，那么脱贫攻坚工作的开展将更加顺利，要为其提供政策支持，使农村发展环境得到改善；其次，青海农牧地区要深化落实基础设施建设与管理责任，创建与这项工作相对应的绩效考核指标体系，对投资与管理模式进行创新，以较低的成本获得更高的收益，增强农牧地区的社会竞争力。

（3）继续加大农牧地区生产生活基础设施建设力度

农牧地区生产生活设施包括所有能为农牧民生产生活提供良好服务、使用寿命比较长的设施，可以将这些设施划分为不同的类型：一是生产服务设施，包括道路、通信、水利、农技推广等；二是生活服务设施，包括文化、医疗等。前一类基础设施建设将会对农牧民收入增加产生直接联系，是经济发展的前提，也是农牧民增收的必要条件，不断为农牧民发放更充足的补贴，保证其收入能平稳增长。

7.4.2 建立公共社会服务的供给机制

（1）落实农牧地区教育事业优先发展机制

一是改变农牧地区根深蒂固的陈旧教育理念，推进公平、提高质量，深刻认识到教育是新时代最根本的事业；二是继续加大对农牧地区教育的投入力度，当地财政需要采取得力措施，多方筹措资金，增加对农牧地区的教育经费投入，改善办学条件，提供优质教育资源，切实改变农牧地区教育现状；三是加强农牧地区教师队伍建设，创新当地教师补充机制，完善培训体系，提高教师工资待遇，保证农牧地区教师队伍的稳定；四是加强农牧地区与其他发达地区的教育交流和合作，结合当地实际情况，发挥优势资源，解决目前教育根本问题，积极推进青海农牧地区教育创新。

（2）推进落实农牧地区健康制度建设

一是编制实施农牧民健康发展规划，健全农牧地区医疗卫生服务体系，推动县级公立医院与乡镇卫生院、村卫生站整合在一起，以医疗共同体的形式组建成紧密型医疗联合体；二是建立行政村卫生站全覆盖制度，推动中心城区优质医疗资源向农牧地区布局，建立健全农牧地区“三级卫生服务”网络；三是完善农牧地区医疗设备投入补偿机制；四是完善农牧地区医生薪酬待遇制度；五是将村卫生站纳入实施基本药物制度和城乡居民医保门诊统筹定点医疗机构；六是建立农牧地区医生培训、培养制度。

（3）统筹农牧地区社会保障制度

一是健全农牧地区社会保障体系，完善最低生活保障制度，逐步提高最低生活保障标准，由州、县政府按不低于最低缴费标准帮助有困难的农牧户代缴部分或全部养老保险费；二是构建医保整体提升机制，建立城乡基本医疗保险一体化管理体系，提升农牧民最低生活保障标准；三是健全社会救助、社会福利、城乡居民最优安置体系。

（4）建立农牧地区防灾减灾救灾机制

减少青海农牧地区居民因病致贫风险，降低不必要的医疗支出、延长居民寿命、增强生存能力，提高灾害抵御能力。

（5）健全农牧地区文化体育建设体系

一是落实公共文化设施建设向农村倾斜政策；二是加大对农村文化扶贫力度，形成常态化工作机制；三是完善农村体育设施建设。

（6）完善青海农牧地区服务体系

一是搭建青海农牧地区信息化公共服务平台，提供集市场营销、农牧业政策、青海农牧地区旅游等服务于一体的平台；二是强化青海农牧地区公共服务平台的管理与监督。

7.4.3 完善农村生态环境建设

（1）根据农牧地区人居环境的具体情况形成长效改善机制

一是严格按照相关制度规定对耕地实施保护，形成生态补偿机制，并将此纳入考核，达到保护生态环境的目的；二是围绕垃圾分类、生产污染物处理、污水处理等形成制度；三是在全社会营造人居环境整治氛围，扩大居民参与面；四是在农牧地区形成完善的保洁制度，落实经费并对人员实施考核。

（2）以“美丽乡村建设”为主题实施环境整治工作

在这一过程中，把“美丽乡村建设”当成重要的目标导向，对村庄环境方面存在的问题进行整治，使农牧民成为整治主体，通过以奖代补的形式建设美丽乡村，在经济建设的同时使发展环境得到改善。

（3）在农牧地区建设新型城镇

新型城镇化建设能为农牧民提供良好服务，使独具地方特色的农牧业与其他产业更好地融合，把生态保护、人居环境建设、文化传承等当成农牧地区发展的重点工作，通过名镇名村建设、中心镇建设、城镇化试点等方式，使青海农牧地区的经济社会实现更好的发展，对周边地区起到带动作用，在增收的同时改善生态环境。

（4）要在农牧地区积极推行生态补偿机制

一是在生态保护方面确定红线，让草场得到永久保护；二是在准确把握青海农牧地区具体情况的基础上探寻良好的生态补偿办法，对湿地、生态草场、水源等各种保护区域的面积占比设定标准，尤其是一些在发展农牧业生产、保护生态环境等方面责任较为艰巨的镇、村，要加大财政拨款力度，实现收入增长的目的；三是围绕青海农牧地区的生态草地保护形成长效补偿机制，设定动态化的补偿标准，使农牧民收入能持续增加。

7.4.4 巩固脱贫攻坚成果

（1）在脱贫工作中要积极进行宣传并形成制度

一是执行宣传制度，通过宣传与引导，使农牧民意识到只有劳动、创新才能让自己摆脱贫困，在致富方面绝不能等、靠、要，要能吃苦、敢创新，既要有勇气也要有决心，要在整个农牧地区营造良好的致富氛围；二是拓宽增收渠道，对农牧地区在脱贫攻坚过程中发现的好点子、优秀做法等进行宣传与推广，在典型的引领下，模范的带动下，让全社会都能为农牧民致富提供支持，积极发展种养项目、产品深加工项目，使农牧民能通过多条渠道增加收入；三是在农牧地区树立典范，特别是一些靠知识、勇气、吃苦走上致富之路的农牧民，更应该把他们确定为学习的标杆，使更多贫困户增强脱贫致富的信心。

（2）在脱贫工作中要形成长效机制

一是调动农牧民的热情，特别是基层干部更要把自己当成脱贫增收的主体，使农牧民意识到积累资本的重要性，让他们把资金投入有价值的项目中，使所有农牧民共享乡村振兴红利；二是通过宣传教育活动，使农牧民意识到教育投资的价值与意义，带领他们深入分析各种惠农惠牧政策，只有了解、熟悉了政策，才能更好地利用政策寻求发展；三是在对农牧民提供帮扶的过程中要把扶贫、扶志置于同等重要的地位，只有在扶志方面取得了成功，农牧民才能具备“造血”能力，才能树立人穷志不穷的理念并产生长效坚定的脱贫决心。

7.4.5　促进公共教育与教育培训多元化发展

（1）要将更多的财政资金用于公共教育方面

教育的发展要同时得到国家与地方财政的支持，要从整体上加大投入力度，使农牧地区教育事业实现发展。教育本身属于一种公共产品，国家与地区在财政划拨方面都对教育表示重视。发达国家会为教育事业的发展投入充足的资金，不管是在GDP中，还是在财政支出中，教育所占的比例都比较高。因此，农牧地区在发展过程中，财政教育投入所占的比重逐渐提升之后，区域内的教育事业就能实现更好的发展。农牧地区经济能实现怎样的发展，农牧民收入能否增加，都取决于教育的发展水平，农牧民不仅要积极学习新知识，也要掌握更多能促进自身发展的技能，特别是一些较为年轻的农牧民。青海农牧地区地处偏僻，这里的自然条件艰苦，农牧民的居住较为分散。面对这种情况，很难采用集中培训的形式普及科学知识，也难以使农牧民素质得到整体提升。教育培训活动的有效进行、成绩的取得，能发挥出不可替代的作用。考虑到农牧地区的具体情况，在组织农牧民培训活动过程中可以选取多种方式，如科教影片播放、音频播放等，使农牧民得到成长，让他们了解、接受更多新事物，能胜任更多工作。

（2）围绕农牧地区农牧民培训形成完善的运行制度

一是搭建能促进新型农牧民成长的基础平台，不仅要在区级设立农牧民培训中心，也要在镇级设立培训机构，从整体上进行协调，在农牧民中培育骨干力量。政府要与社会培训机构通力合作，从资金、资源两个方面持续加大投入力度。二是在组织培训活动过程中要创新形式。既要提高教育资源利用率，也要发挥出远程教育优势，把更多优质教育资源引入青海农牧地区，争取用最短的时间、最合理的形式让农牧民了解惠农惠牧政策。在这一过程中，也可以利用网络信息技术请其他地区的农业专家为农牧民提供技术指导。三是立足于实际情况选择性地借鉴国内外经验，制定合适的管理方法，动态化地跟踪农技推广与运用情况。

（3）为了更好地促进农牧地区农牧民发展，以培训为基点创建动力机制

一是保证培训供求一致性，对农牧民的主体地位表示认同，结合市场与社会对农畜产品的需求情况，适时引进更多新技术。二是实施层次化教育培训。农牧民数量比较多且文化层次有所不同，不能采用同样的方式进行培训，而要体现出培训内容与农牧民需求之间的契合度，尤其是素质比较高的返乡创业人才，更要对他们的成长表示关注。三是以青海农牧地区产业发展为导向，适时更新农牧民教育培训内容，培训目的是要促进农牧民的发展，但要体现出灵活性。四是以校企对接的方式培养人才，使更多农牧民能成长为实用型技术人才。

（4）要根据农牧地区农牧民的实际情况创建培育体系

一是完善运行机制，为培训活动的开展构建基础平台，反复对培训形式进行调整；二是完善动力机制，增强培育主体与客体、培训需求与供给的平衡性，以层次化的方式组织教育培训活动，在促进产业发展这一目标的引领下对培训内容进行创新，把校企对接到一起；三是对教育培训形式进行创新，根据青海农牧地区具体情况施策，体现出培训形式的个性化；四是对农牧民创新创业制定合理的激励政策，持续增加资金投入，为青海农牧民提供良好的保险、信贷等服务，提升他们在社会中的地位，鼓励他们除了参加培训外还要自主学习，增强其致富能力。

（5）创建多元化培训体系，促进农牧地区农牧民增收

一是把农牧民职业技能培训纳入制度建设，特别是一些在经济方面陷入困境的农牧民，更要及时组织他们进行技能培训，让他们的综合能力得到提升。二是开展继续教育。青海农牧地区中专职业教育的发展情况并不理想，下一步要考虑扩大继续教育的规模，使农牧民的文化素质、文明水平等能有提升，并形成能达成这一目标的配套制度。三是组织技能培训，使青海农牧民不仅具备从事农牧业生产的能力，也具备到其他产业就业的实力，增强农牧民的综合素质，把他们引入周边地区、发达地区，让他们能到第二、第三产业就业，达到脱贫增收的目的。

（6）创建农牧地区教育培训平台

一是丰富培训组织形式，青海农牧民培训实践基地的发展，能使农牧民在生产就业方面遇到的难题得到解决；二是体现出培训机制的“快、灵、短”等特征，在短期内向接受培训的对象传授更多的知识与技能，让培训活动对接社会实践；三是形成“订单式”培训机制，考虑到农牧地区农牧民自身对培训需求的差异，为他们提供相应的培训服务。

（7）从整体上提升农牧地区农牧民素质

一方面，把基本文化素质提升当成重点。农牧地区农牧民素质的提升，能为整个地区产业化发展、经济结构完善等创造有利条件，也是让农牧民掌握先进技术、更新思想观念的重要前提。因此，农牧地区农牧民收入的增加，一定要以教育培训活动有效性发挥为前提。另一方面，要把职业培训当成重点。在青海农牧地区，农牧民不仅要具备良好的基本素质，也要具备可持续生存的能力，还要把握住发展机会。尤其是，当前农牧民家庭经营性收入持续下降，非农收入越来越高，农牧民职业素养与技能水平能否得到提升，将关系到他们能否把握住更多的创收机会。因此，农牧民要积极响应政府号召，踊跃参加培训活动，既要接受普及教育、集中教育，也要努力为自己获得入户指导、专业培训的机会，使自身在创业、就业等方面的竞争力得到显著增强。在这方面，政府部门要承担主要责任，为培训活动的开展提供政策、资金支持，创建完善的农牧民培训体系。

第8章

研究结论与展望

本书基于公平感知视角，重点探讨公平感知对青海农牧民增收的影响效应。第 3 章针对青海省农牧民收入及其变化进行分析，从纵向与横向两个层面，全方位分析青海农牧民的收入状况；第 4 章对青海农牧民内在公平感知进行测度，分别对公平感知四个维度的不同特征，及群体差异进行描述性统计分析；第 5 章从三个层次研究公平视角下农牧地区农牧民收入的影响效应，分别按照“惠农惠牧政策→农牧地区产业融合→生计转型”这一思路为研究主线，由宏观层面至微观层面逐步深入探究；第 6 章研究公平感知对农牧地区农牧民增收的效果。结合前文各章的研究结论，在本章中，进一步总结和凝练本书的研究结论，并据此提出针对性的政策建议。

8.1 研究结论

基于公平理论、政府宏观调控理论、产业融合理论、可持续生计理论、计划行为理论等理论，在梳理了国内外研究文献后，阐明了公平感知对农牧民增收的作用机理，选取了青海农牧地区 461 户农牧民实地调研与数据资料，在测度农牧民公平感知及其各维度的同时，采用多种计量经济模型与研究方法实证分析了公平视角下惠农惠牧政策、农牧地区产业融合、农牧民生计分别对农牧民增收的影响效应，同时，探究了公平感知对农牧民增收的效果，据此提出提升农牧民公平感知、促进增收的相关政策建议。结合前文的理论分析与实证研究结果，本书的主要结论如下。

8.1.1 农牧民收入水平变化及影响因素

第一，立足于研究区域基本概况，从区位与自然条件、社会状况、经济状况、农牧民收入状况等四个方面进行分析，其中，社会状况通过人口、教育、医疗卫生、文体等四个方面比较全省与农牧地区各州的状况，经济状况通过经济总量、财政收支、消费、投资等四个方面比较全省与农牧地区各州的状况，分析研究发现，农牧地区各州在自然、社会、经济等方面均存在不同程度的差异性。

第二，通过对比分析青海省农牧民收入状况，掌握收入水平变化趋势。一方面，通过静态数据与动态数据的结合分析青海省农牧民收入水平及其变化；另一方面，通过纵向数据与横向数据的结合分析青海省农牧民收入结构及其变化。研究发现，青海省农牧民收入水平根据时间序列呈现增长趋势，且青海农牧地区各州农牧民收入呈现差异化的收入结构。

第三，针对青海省农牧民收入状况的分析研究，发现影响青海农牧民增收的因素来自各个方面，然而，影响农牧民增收的因素主要分为外在因素与内在感知因素。

8.1.2 农牧民公平感知及其各维度的特征

第一，针对农牧民公平感知及其各维度的不同特征研究发现，农牧民公平感知变量可从分配层面的公平、程序层面的公平、人际层面的公平、信息层面的公平等四个维度进行详细测度，其中，分配层面的公平包括就业公平、收入公平、消费公平与劳动保障公平等 4 个指标，程序层面的公平包括制度方面公平和政策方面公平 2 个指标，人际层面的公平包括语言沟通、价值理念、身份认同等 3 个指标，信息层面的公平包括信息渠道、信息获取、信息有效性等 3 个指标。同时，受访的青海农牧民内在公平的水平属于一般，公平感知各维度的测量值按照由高到底的顺序分别是程序公平>分配公平>人际公平>信息公平。

第二，农牧民公平感知不仅存在各维度的特征差异，而且不同群体的公平感知及其各维度的特征也存在一定的差异性。主要针对性别与代际两个方面进行分析，研究发现，在公平感知的各维度中，尤其是新一代农牧民的信息公平感知高于老一代农牧民，而男性农牧民与女性农牧民的公平感知状况差别并不显著。

8.1.3 公平视角下青海省农牧民增收的影响因素

本章在选择变量过程中，主要思路如下。因变量是农牧民收入，主要以受访农牧民个人每个月的平均纯收入为表征，值得一提的是，由于调研选用截面数据，因此这里选取最近一年的农牧民每月平均纯收入表征农牧民增收的指标。核心解释变量选取了惠农惠牧政策、农牧地区产业融合、个体生计三个方面。第一类是惠农惠牧政策，即各级各类惠农惠牧的相关政策，针对青海农牧地区对农牧民的优惠政策，在调研过程中，将这些政策均作为惠农惠牧政策的范畴，询问农牧民是否参与过其中的一项或多项，只要参与过一项及以上的惠农惠牧政策，均属于已参与，而对于从来没有参与过任何一项惠农惠牧政策的农牧民，均属于未参与。第二类是农牧地区产业融合，利用农牧民在所在生活区域内参与产业融合的情况表征，在实地调研中，根据农牧民与当地合作社或者当地企业等联系程度进行判断，询问农牧民对农牧地区产业融合的参与度，以此表示农牧民是否参与农牧地区产业融合，在实地调研中发现，该问题能够清晰地理解与识别问卷中该问项的意思，在具体问题中，将参与农牧地区产业融合的农牧民视为“参与组”，没有参与农牧地区产业融合的农牧民视为“未参与组”。第三类是农牧民个体生计转型，考虑到农牧民生计转型行为属于多阶段动态过程，将农牧民的生计转型行为分为两个层次：第一层次的变量为农牧民的生计转型意愿，即农牧民是否有生计转型；第二层次的变量为农牧民的生计转型程度。同时，还有一个解释变量是公平感知，从分配公平、程序公平、人际公平和信息公平四个维度测度农牧地区农牧民公平感知的情况。控制变量选取个人特征与家庭特征两类变量对农牧民收入存在的可能影响进行测度。

8.1.3.1 惠农惠牧政策分析

公平视角下农牧民增收的惠农惠牧政策的影响效应分析，主要由两个部分的分析结果组成。

第一，针对参与惠农惠牧政策的影响因素而言，一方面是受访农牧民的公平感知，即公平感知中分配公平、程序公平、信息公平等三个维度的公平均对参与惠农惠牧政策产生显著影响。具体而言，通过农牧民公平感知对参与惠农惠牧政策的影响分析发现，分配公平每增加 1 个单位，其参与政策概率增加 11.1%；程序公平每增加 1 个单位，其参与政策概率增加 4.1%；信息公平每增加 1 个单位，其参与政策概率增加 17.9%。另一方面是受访农牧民的个人特征与家庭特征。具体而言，在受访农牧民个体特征与家庭特征的变量中，年龄每增加 1 岁，其参与政策概率提升 0.3%；家庭负担比每增加 1%，则会降低 36.5%的参与率；家庭有草场（或土地）比家庭没有草场（或土地）的高出 6.8%；家庭教育状况每增加 1 级，则会增加 8.5%的参与率；相比较家庭成员健康状况不好的农牧民，家庭成员健康状况良好的农牧民参与惠农惠牧政策概率高出 17.7%。

第二，针对惠农惠牧政策对农牧民增收的效应分析，发现通过 K 近邻匹配、半径匹配与核匹配得到的 *ATT* 分别为-0.177、-0.331、-0.222，且分别在 5%、1%、1%的水平上显著，由此可见，不同匹配方法得到的 *ATT* 估计值与其显著性均相似，结果表明，模型估计结果是稳定的，同时说明，对参与政策和未参与政策的农牧民两个样本组在消除显性偏差后，参与惠农惠牧政策的农牧民收入比其他未参与惠农惠牧政策的农牧民收入高 20%左右。这可能说明农牧民收入确实有明显提升，而且个体与家庭各方面等有所保障，从而大大提升了农牧民收入状况。

8.1.3.2 产业融合分析

公平视角下农牧民增收的产业融合的影响效应分析，主要由两个部分的分析结果组成。

第一，从农牧地区产业融合、公平感知对农牧民收入的独立影响而言，研究结论有以下三点。一是仅分析控制变量，发现各控制变量均在10%的水平上显著。二是加入农牧地区农牧民“公平感知”变量，发现公平感知各维度对其收入影响，其中，分配公平、程序公平、信息公平的系数均为正，且分别在10%、5%和10%的水平上显著，具体而言：分配公平在青海省农牧民收入中的作用非常明显，体现了农牧民若享受到了分配过程中的公平感，就有可能寻找到增收的机会；程序公平对农牧民月均纯收入具有明显的正向影响，这体现了农牧地区农牧民对于日常生活中教育、就业、医疗等方面享有的公平非常在意，他们在受到相应教育之后的生计也会有保障，这就会影响他们的收入水平；信息公平对农牧民收入增加具有正向影响，说明青海农牧民获得各类信息的公平感受，会对他们今后生活充满信心，也会积极投入保持生计可持续的过程中，也可能会促进农牧地区农牧民重新选择生计方式，这直接提升了他们生计转型的决心，使他们有更多渠道获得收入提升的可能性。三是加入“农牧地区产业融合”这一变量，在1%的水平上显著，说明农牧地区产业融合对农牧民的收入具有显著的正向促进作用。

第二，从农牧地区产业融合对农牧民收入的调节效应而言，研究结果发现，加入了公平感知四个维度与农牧地区产业融合的交互项，分别检验四个维度与农牧地区产业融合交互项对农牧民收入的调节作用。主要体现在以下几点：一是分配公平与农牧地区产业融合交互项对农牧民收入具有显著的正向影响，说明农牧民的分配公平在产业融合加入后，有提升农牧地区农牧民收入水平的可能性；二是程序公平与农牧地区产业融合交互项对农牧地区农牧民收入具有显著的正向影响，说明农牧地区农牧民在日常生活各方面如果能享有公平平等待遇，则会提升农牧民对生活的积极性；三是人际公平与农牧地区产业融合交互项估计系数为正且显著，这就表明了青海农牧地区如果有产业融合，且感到人际公平，就有可能增加收入；四是信息公平与农牧地区产业融合交互项对农牧地区农牧民收入具有显著的正向影响，说明在产业融合加入后，农牧地区农牧民如果能公平公正地获得就业信息，则就业积极性较高，从而提高自身收入。

8.1.3.3 生计分析

公平视角下农牧民增收的农牧民个体生计的影响效应分析，主要由两部分的分析结果组成。

第一部分，分别从农牧民生计转型意愿与生计转型程度分析。一是公平感知。就农牧民生计转型意愿而言，其中，分配公平呈负相关关系、程序公平呈正相关关系。研究结果表明，分配公平水平越高，农牧地区农牧民越愿意专心从事纯农牧业生产；程序公平水平越高，农牧地区农牧民越愿意尝试新的生计方式，即愿意选择生计转型。同时，就农牧民生计转型程度而言，分配公平呈负相关关系、人际公平和信息公平呈正相关关系，这些均说明农牧地区农牧民公平感知会直接影响其选择生计转型的意愿与程度。二是个体特征。就农牧民生计转型意愿而言，受访农牧民性别和年龄显著，研究表明，受访农牧民中男性更愿意选择生计转型，且年龄越大意愿越弱。同时，就农牧民生计转型程度而言，只有受访农牧民年龄显著且呈负相关关系，研究表明，年轻的农牧民不仅愿意尝试新的生计方式，而且偏向于生计的多样化。三是家庭特征。就农牧民生计转型意愿而言，家庭负担比、家庭是否有草场（或土地）、家庭教育状况、家庭健康状况均显著，结果表明，家庭负担比高，对于农牧民的生计转型存在着一定的障碍；家庭中的草场（或土地）越多，农牧民越不愿意选择生计转型；家庭中受教育平均水平越高，农牧民越不倾向于生计转型意愿；家庭健康状况越良好，农牧民越愿意尝试新的生计方式。同时，就农牧民生计转型程度而言，只有家庭是否有草场（或土地）显著且呈负相关关系，说明受访农牧民家庭拥有越多草场（或土地），他们越有可能仅从事单一的生计。四是识别变量。识别变量均显著，表明所有识别变量都适用于当前的计量模型，但存在一定差异，说明农牧民离当地自治州州府的距离越近，就业信息越广，生计转型意愿越高；当地产业越有前景，农牧民越容易选择生计转型形式。最后，通过边际效应分析，发现各变量的影响效应与Heckman两阶段模型估计结果相一致，说明选择的模型较稳定。

第二部分，从多元化生计对农牧民收入的影响而言，运用内生转换回归模型估计多元化生计对农牧民收入的影响。研究结果显示，$\rho_{\mu0}<0$ 说明存在负向选择性偏误，与之相反，$\rho_{\mu1}>0$ 说明存在正向选择性偏误，表明农牧民生计转型化程度越高则收入水平也越高，且与实际调研相符，收入较高的农牧民，其收入渠道宽，生计能力较强，这主要归因于在就业信息充足、就业渠道多样的条件下，农牧民自身就业能力越强，越容易实现多元化的生计转型模式，反之亦然。进一步考虑多元化生计的 *ATT*，发现 *ATT* 为 2. 51 且显著，说明在克服自选择的内生性问题后，多元化生计有助于农牧民收入提高 29. 11%。

8. 1. 4 公平感知对农牧民增收效果的影响

第一，农牧民感受到公平占多数，但 33. 93%的农牧民仍未感受到高公平感。主要原因是多数农牧民属于游牧民族，受到语言、生活习惯、思想观念等因素制约，有别于农民工群体，要增强生活中的高公平感。

第二，农牧民的公平感知存在显著的个体差异和地理区位差异。这与海西州打造循环产业集群有直接关系，加之黄南州、果洛州相对玉树州而言，距离省会西宁市较近，在生活中感受公平的水平较高，符合调研实际情况。

第三，家庭异质性是影响农牧民公平程度最大的因素，地理区位因素次之。可能的原因是黄南州、果洛州对农牧业依赖程度更高，农牧民在生活的公平程度上受到一定制约。

第四，农牧民的高公平感对提高其收入具有显著影响。由于存在不可观测变量导致的选择性偏差问题，运用内生转换回归模型分析后，发现高公平感有助于农牧民收入提高 25. 14%。

8. 2 研究不足与展望

基于公平感知的视角，本书针对青海农牧民增收的内在机理进行了深入探究，由此得出了以下结论并提出了相应的对策建议，这丰富与完善了农牧民增收的理论研究意义和实践指导意义。但是，在此研究过程中，受到时间与精力限制，对青海农牧民增收的研究仍然存在着一些不足，有待未来研究与发现。

第一，数据信息方面。在今后的研究过程中将会致力于面板数据的获取，深入揭示农牧民增收的动态演进过程。本书受到截面数据的限制，基于第 3 章，青海省农牧民收入变化呈现增长趋势，故在第 5 章公平视角下青海农牧民增收的影响因素分析过程中，只能选取最近一年的农牧民月均纯收入表征农牧民增收变量，受到客观条件的限制，本书用到的数据来源于青海农牧地区大范围抽样及实地调查，仅采用了静态的截面数据进行了数据分析，虽在一定程度上弥补了这一研究区域的数据缺陷，但还是避免不了截面数据带来的弊端，可能会导致研究结论无法全面体现农牧民增收的动态变化。因此，未来研究将会致力于建立固定观测点、完善调研设计，通过长期跟踪调查构建有关农牧民增收方面的面板数据库，以此深入探究农牧民增收的变动趋势。

第二，调研区域方面。在今后的研究过程中将致力于扩展研究区域和拓宽研究对象，以此增强研究结论的可信性与可行性。青海农牧地区虽是我国西部较为典型的少数民族生态脆弱区域，但由于目前我国农牧区域范围广，农牧民较为分散且并不十分集中，受人力、财力、物资与时间的限制，本书仅选取了青海农牧地区为样本区域，虽能较好地反映目前青海农牧民的现状，但是将本书的研究结果扩展到其他区域农牧民增收的机制中可能会产生研究对象的瞄准性偏误；同时，结合典型抽样、分层抽样与简单随机抽样等方式，仅将青海农牧民作为研究对象，收集到的调研数据不能全面地反映其他农牧民群体的情况，这样就无法反映各类农牧民群体的共同性与差异性。因此，未来将致力于研究区域的扩展与研究对象的拓宽，在考虑研究典型性与代表性的基础上，注重样本容量的增加，对比不同区域或不同类型农牧民收入增长的特征，由此深入剖析农牧民增收的问题。

第三，测度方法方面。在今后的研究过程中将尽可能提高实证研究的科学性与有效性，完善与丰富变量测度相关指标。本书研究中的公平感知的测量方法与指标在学界仍未达成共识，现有研究成果中多将公平感知变量通过四个维度表征，在此基础上，本书研究中构建了公平感知的指标体系，但公平感知变量的内涵涉及社会学、心理学、人类学、经济学等多学科交叉问题，得出的研究结论可能存在一定的局限性，因此，在未来的研究中将会把融合不同学科作为侧重点，以此提高研究结果的科学性；同时，本书提及的公平感知变量与生计选择变量，仅在部分章节中通过数据分析验证结论的稳健性，但这种研究方法并没有在全书中得到运用，这点也是在未来研究中需要改进之处，以此提高研究结果的有效性。

重要术语索引

参考文献

［1］安祥生，陈园园，凌日平．基于结构方程模型的城镇化农民可持续非农生计分析：以晋西北朔州市为例［J］．地理研究，2014（11）：45-58.

［2］毕文芬，初奇鸿．收入如何影响社会信心：社会公平感的中介作用［J］．西安交通大学学报（社会科学版），2017（3）：44-50.

［3］蔡昉，王德文．经济增长成分变化与农民收入源泉［J］．管理世界，2005（5）：77-83.

［4］蔡昉．中国经济改革效应分析：劳动力重新配置的视角［J］．经济研究，2017，52（7）：4-17.

［5］蔡洁，马红玉，夏显力．集中连片特困区农地转出户生计策略选择研究：基于六盘山的微观实证分析［J］．资源科学，2017，39（11）：2083-2093.

［6］陈阿江，王昭，周伟．气候变化背景下湖平面上升的生计影响与社区响应：以色林错周边村庄为例［J］．云南社会科学，2019（2）：106-112+188-189.

［7］陈斌开，林毅夫．发展战略、城市化与中国城乡收入差距［J］．中国社会科学，2013（4）：81-102+206.

［8］陈璐，范红丽，赵娜，等．家庭老年照料对女性劳动就业的影响研究［J］．经济研究，2016，51（3）：176-189.

［9］崔冀娜，王健，张晓慧．基于公平感知的移民搬迁后城镇融入研究：以三江源生态移民为例［J］．干旱区资源与环境，2019（2）：83-88.

［10］方润，沈开举．土地征收中的公平补偿与增值收益分配［J］．

北京理工大学学报（社会科学版），2017，19（3）：142-149.

［11］冯茹．我国农户生计可持续能力评价研究［D］．大连：大连理工大学，2015.

［12］付少平，赵晓峰．精准扶贫视角下的移民生计空间再塑造研究［D］．南京：南京农业大学，2015.

［13］郭秀丽，杨彬如．贫困民族地区农户生计策略选择分析：以甘南州夏河县为例［J］．中国农业资源与区划，2020，41（11）：252-258.

［14］胡晗，司亚飞，王立剑．产业扶贫政策对贫困户生计策略和收入的影响：来自陕西省的经验证据［J］．中国农村经济，2018（1）：78-89.

［15］胡玮桐．吉林省农村第一、第二、第三产业融合对农民增收的影响研究［D］．长春：吉林大学，2019.

［16］黄志刚，陈晓楠，李健瑜．生态移民政策对农户收入影响机理研究：基于形成型指标的结构方程模型分析［J］．资源科学，2018，40（2）：439-451.

［17］金莲，王永平．生态移民生计风险与生计策略选择研究：基于城镇集中安置移民家庭生计资本的视角［J］．贵州财经大学学报，2020（1）：94-102.

［18］康晓虹，史俊宏，张文娟，等．草原禁牧补助政策背景下牧户生计资本现状及其影响因素研究：基于内蒙古典型牧区的调查数据［J］．干旱区资源与环境，2018（11）：59-65.

［19］邝佛缘，陈美球，鲁燕飞，等．生计资本对农户耕地保护意愿的影响分析：以江西省587份问卷为例［J］．中国土地科学，2017，31（2）：58-66.

［20］黎洁．陕西安康移民搬迁农户生计选择与分工分业的现状与影响因素分析：兼论陕南避灾移民搬迁农户的就地就近城镇化［J］．西安交通大学学报（社会科学版），2017（1）：55-63.

［21］李彩瑛，阎建忠，花晓波，等．青藏高原“一江两河”地区农牧民家庭生计脆弱性评估［J］．山地学报，2018，36（6）：930-941.

［22］李聪，刘若鸿，许晏君．易地扶贫搬迁、生计资本与农户收入不平等：来自陕南的证据［J］．农业技术经济，2019（7）：52-67.

［23］李丹，许娟，付静．民族地区水库移民可持续生计资本及其生计策略关系研究［J］．中国地质大学学报（社会科学版），2015，15（1）：51-57.

［24］李丁．有限机会的公平分配：中国农民子女市民化的水平与模式［J］．社会，2014，34（4）：91-118.

［25］李芬，张林波，徐延达，等．冬虫夏草采集对三江源区农牧民收入的贡献研究［J］．中国人口·资源与环境，2013，23（S2）：439-443.

［26］李谷成，李烨阳，周晓时．农业机械化、劳动力转移与农民收入增长：孰因孰果？［J］．中国农村经济，2018（11）：112-127.

［27］李何春，罗波．青藏高原传统晒盐工艺的多元价值及其传承与保护对策研究：以澜沧江上游诸盐场的调查为例［J］．青海社会科学，2020（6）：198-204.

［28］李力东．调整或确权：农村土地制度的公平与效率如何实现：基于山东省 L 村的调查研究［J］．公共管理学报，2017，14（1）：117-127+159.

［29］李美云．国外产业融合研究新进展［J］．外国经济与管理，2005（12）：12-20+27.

［30］李文龙，林海英，金桩．社会资本可利用度及其影响因素研究：来自内蒙古农牧民的经验发现［J］．经济研究，2019，54（12）：134-149.

［31］李鑫远，雷敏，郗家祺，等．生态移民福祉影响因素研究：基于陕西省蓝田县农村抽样调研［J］．地理研究，2018，37（6）：1127-1141.

［32］李中锋，吴昊．西藏农牧民自我发展能力评估及提升路径研究：基于宏观数据和山南地区调查数据的分析［J］．四川大学学报（哲学社会科学版），2016（3）：99-106.

［33］励汀郁，谭淑豪．制度变迁背景下牧户的生计脆弱性：基于“脆弱性—恢复力”分析框架［J］．中国农村观察，2018（8）：19-34.

［34］梁爽，吴文恒，强彦红，等．西北地区小城镇居民生计脆弱性及其影响因子［J］．中国农业资源与区划，2019，40（7）：74-80.

［35］林毅夫，李永军．出口与中国的经济增长：需求导向的分析［J］．经济学（季刊），2003（3）：779-794.

［36］林毅夫．防止经济增长趋势过热的政策选择［J］．中国报道，2008（1）：73-76.

［37］林毅夫．深化市场改革是解决当前农民问题的关键［J］．经济研究，1998（11）：20-24.

［38］刘国恩，WILLIAM H DOW，傅正泓，等．中国的健康人力资本与收入增长［J］．经济学（季刊），2004（4）：101-118.

［39］刘连泰，余文清．公平市场价值在集体土地征收补偿中的适用［J］．浙江社会科学，2019（10）：21-29+156.

［40］刘伟，徐洁，黎洁．陕南易地扶贫搬迁农户生计脆弱性研究［J］．资源科学，2018，40（10）：2002-2014.

［41］刘卫柏，于晓媛，袁鹏举．产业扶贫对民族地区贫困农户生计策略和收入水平的影响［J］．经济地理，2019，39（11）：175-182.

［42］龙彦亦，刘小珉．易地扶贫搬迁政策的“生计空间”视角解读［J］．求索，2019（1）：114-121.

［43］卢海阳，KANDILOV T IVAN．身份融合对农民工就业的影响：基于倾向得分匹配的研究［J］．中国农业大学学报，2018（7）：176-191.

［44］罗绒战堆，魏欣蕊．机会配置对西藏农牧民增收减贫的相关性研究［J］．民族学刊，2020，11（6）：1-8+149-150.

［45］骆永民，骆熙，汪卢俊．农村基础设施、工农业劳动生产率差距与非农就业［J］．管理世界，2020，36（12）：91-121.

［46］吕源．收入结构视角下海南省农民增收问题的研究［D］．海口：海南大学，2016.

［47］马军．基于公共政策视角的内蒙古牧民增收研究［D］．呼和浩特：内蒙古农业大学，2009.

［48］马小林，侯庆丰，杨鼎．退耕还草对青海省农牧民家庭收入的影响［J］．草地学报，2021，29（4）：772-779.

［49］牛静坤，杜海峰，杜巍，等．公平感对农民工集群行为的影响研究：基于平等意识的调节效应分析［J］．公共管理学报，2016（3）：89-99.

［50］钱文荣，李宝值．初衷达成度、公平感知度对农民工留城意愿的影响及其代际差异：基于长江三角洲16城市的调研数据［J］．2013（9）：95-107.

［51］曲福田，田光明．城乡统筹与农村集体土地产权制度改革［J］．管理世界，2011（6）：34-46+187.

［52］沈宏益．西藏农牧民持续增收的财政政策研究［D］．北京：北京林业大学，2013.

［53］石磊．公共政策视角下内蒙古牧民增收问题的实证研究［D］．呼和浩特：内蒙古大学，2011.

［54］苏芳，尚海洋．生态补偿方式对农户生计策略的影响［J］．干旱区资源与环境，2013（2）：78-84+112.

［55］苏芳，周亚熊．新型城镇化背景下劳动力转移对农户生计策略选择的影响分析［J］．数理统计与管理，2017，36（3）：391-401.

［56］苏毅清，游玉婷，王志刚．农村第一、第二、第三产业融合发展：理论探讨、现状分析与对策建议［J］．中国软科学，2016（8）：17-28.

［57］孙晓一，徐勇，汤青．黄土高原半城镇化农民非农生计稳定性及收入差异分析［J］．人文地理，2016（3）：21-30.

［58］索南多杰．三江源生态移民村落研究：以果洛州玛多县河源新村为例［J］．中国藏学，2016（S1）：178-182.

［59］万国威，高丽茹．结构、文化抑或排斥：西部民族地区特困农牧民的致贫机理［J］．人口学刊，2016，38（5）：70-82.

［60］王昌海．效率、公平、信任与满意度：乡村旅游合作社发展的

路径选择［J］. 中国农村经济，2015（4）：59-71.

［61］王家斌，荆蕙兰. 后扶贫时代青海农牧地区的相对贫困及其治理机制构建［J］. 青海社会科学，2020（5）：54-61.

［62］王娟，吴海涛，丁士军. 山区农户最优生计策略选择分析：基于滇西农户的调查［J］. 农业技术经济，2014（9）：97-107.

［63］王君涵，李文，冷淦潇，等. 易地扶贫搬迁对贫困户生计资本和生计策略的影响：基于8省16县的3期微观数据分析［J］. 中国人口·资源与环境，2020，30（10）：143-153.

［64］王谋，李勇，白宪洲，等. 全球变暖对青藏高原腹地草地资源的影响［J］. 自然资源学报，2004（3）：331-336.

［65］王南南. 我国农村第一、第二、第三产业融合发展问题研究［D］. 长春：东北师范大学，2018.

［66］王琼. 昌都市农牧民非农就业：基于卡若区的调研案例［J］. 中国藏学，2020（4）：43-49.

［67］王洒洒，杨雪燕，罗丞. 价格上涨压力下农村留守妇女的生计策略：生计多样化［J］. 中国农村观察，2014（5）：47-55.

［68］王庶，岳希明. 退耕还林、非农就业与农民增收：基于21省面板数据的双重差分分析［J］. 经济研究，2017，52（4）：106-119.

［69］王天宇，邱牧远，杨澄宇. 延迟退休、就业与福利［J］. 世界经济，2016，39（8）：69-93.

［70］王彦星，潘石玉，卢涛，等. 生计资本对青藏高原东缘牧民生计活动的影响及区域差异［J］. 资源科学，2014，36（10）：2157-2165.

［71］韦惠兰，王光耀. 土地沙化区农民特征与其感知的环境灾害风险的关系分析：基于环境公平视角［J］. 自然资源学报，2017，32（7）：1134-1144.

［72］韦志林，芮明杰. 薪酬心理折扣、薪酬公平感和工作绩效［J］. 经济与管理研究，2016（4）：59-65.

［73］温涛，王煜宇. 农业贷款、财政支农投入对农民收入增长有效

性研究［J］. 财经问题研究，2005（2）：78-83.

［74］翁钢民，李凌雁．中国旅游与文化产业融合发展的耦合协调度及空间相关分析［J］. 经济地理，2016，36（1）：178-185.

［75］吴彬彬，章莉，孟凡强．就业机会户籍歧视对收入差距的影响［J］. 中国人口科学，2020（6）：100-111+128.

［76］吴孔森，杨新军，尹莎．环境变化影响下农户生计选择与可持续性研究：以民勤绿洲社区为例［J］. 经济地理，2016，36（9）：141-149.

［77］吴乐，靳乐山．贫困地区生态补偿对农户生计的影响研究：基于贵州省三县的实证分析［J］. 干旱区资源与环境，2018（8）：1-7.

［78］伍艳．贫困山区农户生计资本对生计策略的影响研究：基于四川省平武县和南江县的调查数据［J］. 农业经济问题，2016（3）：83-92.

［79］肖怡然，龚贤．藏区旅游扶贫与农牧民增收问题研究：以甘孜藏族自治州为例［J］. 云南民族大学学报（哲学社会科学版），2018，35（3）：107-113.

［80］肖云忠，李师．反腐倡廉建设与增进人民群众公平正义感［J］. 廉政文化研究，2016，7（2）：35-42.

［81］谢贞发．产业集群理论的研究述评［J］. 经济评论，2005（5）：118-124.

［82］邢成举．政策张力、公平观念与扶贫工作的合理性［J］. 西北农林科技大学学报（社会科学版），2018，18（2）：10-16.

［83］徐锡广，申鹏．易地扶贫搬迁移民的可持续性生计研究：基于贵州省的调查分析［J］. 贵州财经大学学报，2018（1）：103-110.

［84］许汉石，乐章．生计资本、生计风险与农户的生计策略［J］. 农业经济问题，2012（10）：69-75.

［85］薛凤蕊，乔光华，姜冬梅．土地合作社对农户收入影响评价［J］. 农业经济问题，2012，33（5）：34-39.

［86］阎建忠，吴莹莹，张镱锂，等．青藏高原东部样带农牧民生计的多样化［J］. 地理学报，2009，64（2）：221-233.

[87] 杨凡. 流动人口正规就业与非正规就业的工资差异研究：基于倾向值方法的分析 [J]. 人口研究，2015，39（6）：94-104.

[88] 杨奎臣，胡鹏辉. 社会公平感、主观幸福感与亲环境行为：基于 CGSS2013 的机制分析 [J]. 干旱区资源与环境，2018（2）：15-22.

[89] 杨云彦，赵峰. 可持续生计分析框架下农户生计资本的调查与分析：以南水北调（中线）工程库区为例 [J]. 农业经济问题，2009（3）：58-64.

[90] 张车伟，王德文. 农民收入问题性质的根本转变：分地区对农民收入结构和增长变化的考察 [J]. 中国农村观察，2004（1）：2-13+80.

[91] 张川川. 出口对就业、工资和收入不平等的影响：基于微观数据的证据 [J]. 经济学（季刊），2015，14（4）：1611-1630.

[92] 张功让，陈敏姝. 产业融合理论研究综述 [J]. 中国城市经济，2011（1）：67-68.

[93] 张丽君，吴俊瑶. 阿拉善盟生态移民后续产业发展现状与对策研究 [J]. 民族研究，2012（2）：23-33.

[94] 张丽霞. 青藏高原地区冬虫夏草资源对农牧民收入影响 [J]. 中国食用菌，2020，39（12）：232-235.

[95] 张琦，张涛. 精准扶贫政策的公平效应：基于生存伦理与互惠伦理视角 [J]. 中南民族大学学报（人文社会科学版），2019，39（3）：152-157.

[96] 章莉，李实，DARITY W A，Jr，等. 中国劳动力市场就业机会的户籍歧视及其变化趋势 [J]. 财经研究，2016，42（1）：4-16.

[97] 赵为民. 谁从财政支农投入中受益更多：基于资金结构差异与农户人力资本差异双重视角 [J]. 云南财经大学学报，2018，34（6）：69-85.

[98] 赵文娟，杨世龙，王潇. 基于 Logistic 回归模型的生计资本与生计策略研究：以云南新平县干热河谷傣族地区为例 [J]. 资源科学，2016（1）：38-44.

［99］郑沃林，吴剑辉，郑荣宝．养老观念、健康状况预期、社会公平感知对农民社会养老保险参保行为的影响［J］．经济经纬，2020，37（1）：41-49.

［100］郑雄飞，黄一倬．社会公平感知对农村养老保险参与行为的影响：基于中国综合社会调查（CGSS）的实证研究［J］．社会保障研究，2020（5）：3-18.

［101］植草益．信息通讯业的产业融合［J］．中国工业经济，2001（2）：24-27.

［102］周浩，龙立荣，王宇清．整体公平感、情感承诺和员工偏离行为：基于多对象视角的分析［J］．管理评论，2016（11）：162-169.

［103］周振华．信息化进程中的产业融合研究［J］．经济学动态，2002（6）：58-62.

［104］朱建军，胡继连，安康，等．农地转出户的生计策略选择研究：基于中国家庭追踪调查（CFPS）数据［J］．农业经济问题，2016（2）：49-59.

［105］朱农．贫困、不平等和农村非农产业的发展［J］．经济学（季刊），2005（4）：167-188.

［106］祝天智．新时期农民土地承包权公平及其实现路径研究［J］．学术界，2019（6）：90-99.

［107］翟黎明，夏显力，吴爱娣．政府不同介入场景下农地流转对农户生计资本的影响：基于 PSM-DID 的计量分析［J］．中国农村经济，2017（2）：2-15.

［108］ADAMS J S. Inequity in social exchange［M］// L. Berkowitz. Advances in experimental social psychology. New York：Academic Press，1965：267-299.

［109］ADEL AZAR，ZAHRA ALIPOUR DARVISHI. Development and validation of a measure of justice perception in the frame of Fairness theory-Fuzzy approach［J］. Expert systems with applications，2011，38（6）：7364-7372.

[110] AGHION P, BOLTON P A. Theory of trickle-down growth and development [J]. The review of economic studies, 1997, 64 (2): 151-172.

[111] ARMIN FALK, ERNST FEHR, URS FISCHBACHER. Testing theories of fairness-Intentions matter [J]. Games and economic behavior, 2008, 62 (1): 287-303.

[112] CARNEY D. Sustainable livelihoods approaches: Progress and possibilities for change [R]. London: Department for International Development, 2002.

[113] CAROLYN CHISADZAA, NICKY NICHOLLSA, ELENI YITBAREK. Group identity in fairness decisions: Discrimination or inequality aversion? [J]. Journal of behavioral and experimental economics, 2021 (5): 2-41.

[114] CHENERY H, ROBINSON S, SYRQUIN M. Industrialization and growth: A comparative study [M]. New York: Oxford University Press, 1986.

[115] DAVID C C, Otsuka K. Modern rice technology and income distribution in asia [M]. Los Banos: International Rice Research Institute, 1994.

[116] DEVAN ALLEN, MCGRANAHAN PAUL W BROWN, LISA A SCH ULTE, et al. Associating conservation/production patterns in US farm policy with agricultural land-use in three Iowa, USA townships, 1933-2002 [J]. Land use policy, 2015, 45 (5): 76-85.

[117] DOUGLAS P H. The cobb-douglas production function once again: Its history, its testing, and some new empirical values [J]. Journal of political economy, 1976, 84 (5): 903-915.

[118] FEDERICO ECHENIQUEA, ANTONIO MIRALLESBC, JUN ZHANG. Fairness and efficiency for allocations with participation constraints [J]. Journal of economic theory, 2021 (195): 1-29.

[119] FOLGER R. Rethinking equity theory: A referent cognition model [M] // H. W. Bierhoff, R. L. Cohen, J. Greenberg. Justice in social relations. New York: Plenum, 1986: 145-162.

[120] FOLGER R, CROPANZANO R. Organizational justice and human re-

source management [M]. Thousand Oaks, CA: Sage Publications, 1998.

[121] FOLGER R, CROPANZANO R. Fairness theory: Justice as accountability [M] // J. Greenberg, R. Cropanzano. Advances in organizational justice New York: Information Age Publishers, 2001 (1): 1-55.

[122] FRANÇOISE LEMOINE, SANDRA PONCET, DENIZ ÜNAL. Spatial rebalancing and industrial convergence in China [J]. China economic review, 2015, 34: 39-63.

[123] GARDNER B L. Economic growth and low incomes in agriculture [J]. American journal of agriculture economics, 2000, 82 (5): 1059-1074.

[124] GEORGE M FRANKFURTER. The theory of fair markets (TFM) toward a new finance paradigm [J]. International review of financial analysis, 2006, 15 (2): 130-144.

[125] HARUTO TAKAGISHI, SHINYA KAMESHIMA, JOANNA SCHUG, et al. Theory of mind enhances preference for fairness [J]. Journal of experimental child psychology, 2010, 105 (2): 130-137.

[126] HUANG J, ROZELLE S. Technological change: Rediscovering the engine of pro-ductivity growth in China's rural economy [J]. Journal of development economics, 1996, 40 (2): 337-369.

[127] JASON A COLQUITT, KATE P ZIPAY, JOHN W LYNCH, et al. Bringing "The Beholder" center stage: On the propensity to perceive overall fairness [J]. Organizational behavior and human decision processes, 2018, 148: 159-177.

[128] JESSICA B RODELL, JASON A COLQUITT, MICHAEL D BAER. Is adhering to justice rules enough? The role of charismatic qualities in perceptions of supervisors' overall fairness [J]. Organizational behavior and human decision processes, 2017, 140: 14-28.

[129] JESSICA M NICKLIN, REBECCA GREENBAUM, LAUREL A MCNALL, et al. The importance of contextual variables when judging fairness: An

examination of counterfactual thoughts and fairness theory [J]. Organizational behavior and human decision processes, 2011, 114 (2): 127-141.

[130] JINSEOK S CHUN, JOEL BROCKNER, DAVID D CREMER. How temporal and social comparisons in performance evaluation affect fairness perceptions [J]. Organizational behavior and human decision processes, 2018, 145 (8): 1-15.

[131] JOHN N KWOMAINEKWE, YI JIN, MARIA REBECC, et al. A new approach to financial integration and market income inequality [J]. Emerging markets review, 2018, 37 (9): 134-147.

[132] JOHNSON D G. Comparability of labor capacities of farm and nonfarm labor [J]. The American economics review, 1953, 43 (3): 296-313.

[133] KALE P, SINGH H, PERLMUTTER H. Learning and protection of proprietary assets in strategic alliances: Building relational capital [J]. Strategic manage-ment journal, 2000, 21 (3): 217-237.

[134] KONSTANTINOS N ANDROUTSOPOULOSA, MICHAEL A MADAS. Being fair or efficient? A fairness-driven modeling extension to the strategic airport slot scheduling problem [J]. Transportation research part E: logistics and transportation review, 2019, 130: 37-60.

[135] KUNG J K. Off-farm labor markets and the emergence of land rental markets in rural China [J]. Journal of comparative economics, 2002, 30 (2): 395-414.

[136] LIN J Y. Rural reforms and agricultural growth in China [J]. The American economic review, 1992, 82 (1): 34-51.

[137] LIND E A. Fairness heuristic theory: Justice judgments as pivotal cognitions in organizational relations [J]. Advances in organizational justice, 2001: 56-88.

[138] LUIS C CORCHÓN, IÑIGOITURBE-ORMAETXE. a Proposal to unify some conce-pts in the theory of fairness [J]. Journal of economic theory,

2001, 101 (2): 540-571.

[139] LUTZ PRIESE, RALF REHRMANN, UWE WILLECKE - KLEMME. An introduction to the regular theory of fairness [J]. Theoretical computer science, 1987, 54 (3): 139-163.

[140] MARIE COENJAERTS, FREDERIKE PAPE, VIRGINIA SANTOSO. Sex differences in economic decision-making: Exogenous estradiol has opposing effects on fairness framing in women and men [J]. European neuropsychopharmacology, 2021 (50): 46-54.

[141] MATTI HOVI, JANI-PETRI LAAMANEN. Income, aspirations and subjective well-being: International evidence [J]. Journal of economic behavior & organization, 2011, 185 (5): 287-302.

[142] MCMILLAN J, WHALLEY J, ZHU L J. The impact of China's economic reforms on agricultural productivity growth [R]. San Diego: Graduate School of International Relations and Pacific Studies, University of California, San Diego, 1988.

[143] MICHAL BRZEZINSKI. Top incomes and subjective well-being [J]. Journal of economic psychology, 2019, 73: 60-65.

[144] MYA POE, NORBERT ELLIOT. Evidence of fairness: Twenty-five years of research in assessing writing [J]. Assessing writing, 2019, 42: 100-118.

[145] NAMIL KIM, KHANNA LEE. Dynamic patterns of industry convergence: Evidence from a large amount of unstructured data [J]. Research policy, 1997, 44 (9): 117-126.

[146] ÖZCAN ERDEMAB, FRANK J VAN LENTHE, ALEX BURDORF. Income inequality and psychological distress at neighbourhood and municipality level: An analysis in the netherlands [J]. Health & place, 2019, 56 (8): 1-8.

[147] PEARCE D W. The dietionary of modern economies [M]. London:

Macmillan Press, 1983.

[148] PRAGYA MATHUR, SHALINI SARIN JAIN. Not all that glitters is golden: The impact of procedural fairness perceptions on firm evaluations and customer satisfaction with favorable outcomes [J]. Journal of business research, 2020, 117: 357-367.

[149] R DOUGLAS HURT. American and Chinese agricultural policy since 1949: An overview [J]. Procedia-social and behavioral sciences, 2010, 2 (5): 6692-6701.

[150] ROBERTO DURAN-FERNANDEZ, GEORGINA SANTOS. Regional convergence, road infrastructure, and industrial diversity in mexico [J]. Research in transportation economics, 2014, 46: 103-110.

[151] SCHULTZ T W. Transforming traditional agriculture [M]. Chicago: University of Chic-ago Press, 1964.

[152] SEBASTIAN GÖLZ, OLIVER WEDDERHOFF. Explaining regional acceptance of the German energy transition by including trust in stakeholders and perception of fairness as socio-institutional factors [J]. Energy research & social science, 2018, 43 (9): 96-108.

[153] SEN A. Editorial: Human capital and human capability [J]. World develo pment, 1997, 25 (12): 1959-1961.

[154] SOLTANI A, et al. Poverty, sustainability and household livelihood strategies in Zagros, Iran [J]. Ecological economics, 2012 (79): 60-70.

[155] TAE-YOUN PARK, SEONGSU KIM, LI-KUO SUNG. Fair pay dispersion: A regulatory focus theory view [J]. Organizational behavior and human decision processes, 2017, 142: 1-11.

[156] TRAVIS GROUT, JENNI FERIFFT, ANNA MALINOVSKAYA. Energy income and farm viability: Evidence from USDA farm survey data [J]. Energy policy, 2021, 155: 112-123.

[157] Y TESFAYE, et al. Livelihood strategies and the role of forest

income in participatory-managed forests of dodola area in the bale highlands, southern ethiopia [J]. Forest policy and economics, 2011 (13): 258-265.

[158] YOUNGJUNG GEUM, MOON-SOO KIM, SUNGJOOLEE. How industrial convergence happens: A taxonomical approach based on empirical evidences [J]. Technological forecasting and social change, 2016, 107: 112-120.